乡村振兴战略之乡村人才振兴

育婴员

◎ 张建红 何英梅 主编

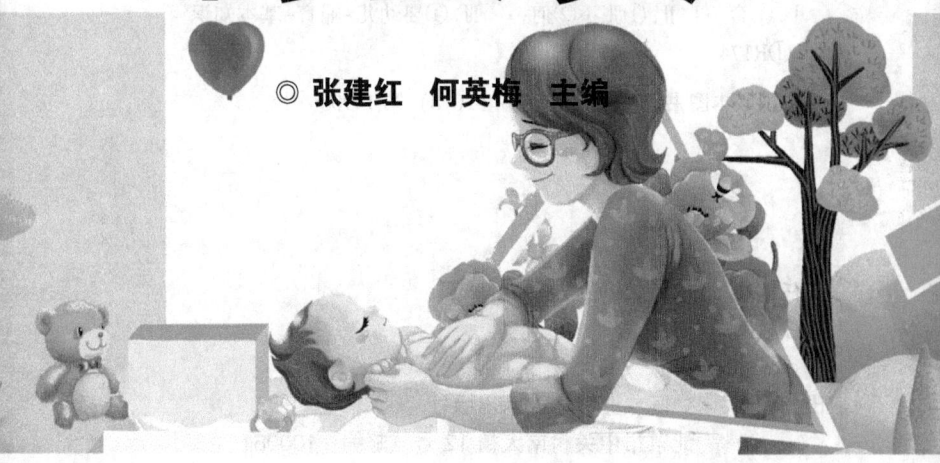

中国农业科学技术出版社

图书在版编目（CIP）数据

育婴员／张建红，何英梅主编.—北京：中国农业科学技术出版社，2018.9

（乡村振兴战略实践丛书）

ISBN 978-7-5116-3863-2

Ⅰ.①育… Ⅱ.①张…②何… Ⅲ.①婴幼儿-哺育-基本知识 Ⅳ.①R174

中国版本图书馆 CIP 数据核字（2018）第 199086 号

责任编辑　徐　毅
责任校对　贾海霞

出 版 者	中国农业科学技术出版社
	北京市中关村南大街 12 号　邮编：100081
电　　话	（010）82106631（编辑室）　（010）82109702（发行部）
	（010）82109709（读者服务部）
传　　真	（010）82106631
网　　址	http://www.castp.cn
经 销 者	各地新华书店
印 刷 者	北京建宏印刷有限公司
开　　本	850 mm×1 168 mm　1/32
印　　张	4.25
字　　数	110 千字
版　　次	2018 年 9 月第 1 版　2020 年 9 月第 4 次印刷
定　　价	18.00 元

◆版权所有·翻印必究◆

《育婴员》编委会

主　编：张建红　何英梅

副主编：袁正婷　邹成冈　关苗苗

　　　　周云茜　原伟杰

前　　言

育婴员是经过专业培训，以现代教育理念为指导，运用科学的方法对0~3岁婴儿进行生活照料、护理和教育的职业技术人员。随着人们对婴幼儿早期教育的重视以及对育儿知识的迫切需求，育婴员逐渐成为一个热门职业。

本书在人力资源和社会保障部制定的《育婴员国家职业技能标准》指导下，结合婴幼儿身心发展特点编写而成。主要内容包括育婴员职业认知、育婴员必备知识、婴幼儿生活照料、婴幼儿保健与护理、婴幼儿教育实施。

本书主要特点如下。

(1) 本书系统地介绍了育婴员应了解的基本知识，语言通俗易懂，难度由浅入深，初学者能够快速对育婴员工作有一个清晰完整的认识。

(2) 本书从强化培养操作技能出发，较好地体现了育婴员职业当前最新的操作技术，对提高育婴员的基本技能有直接的帮助。

(3) 本书改变了传统教材倾向理论化、学科化，与岗位实际脱节的弊端，拉近了培训与实际岗位的距离，具有较强的实用性和指导性。

由于编者水平有限，书中难免存有不妥之处，欢迎广大读者批评指正。

编　者

2018年6月

目 录

第一章 育婴员职业认知 (1)
第一节 育婴员工作认知 (1)
第二节 育婴员职业守则 (4)
第三节 育婴员服务礼仪 (7)
第四节 与育婴员相关的法律知识 (12)

第二章 育婴必备知识 (20)
第一节 0~3岁婴幼儿的生理发育 (20)
第二节 0~3岁婴幼儿的心理发展 (26)
第三节 0~3岁婴幼儿营养需要 (34)

第三章 婴幼儿生活照料 (40)
第一节 婴幼儿喂养 (40)
第二节 婴幼儿睡眠、两便、三浴 (53)
第三节 卫生清洁 (63)
第四节 穿脱衣服 (71)

第四章 婴幼儿保健与护理 (74)
第一节 预防接种 (74)
第二节 生长监测 (78)
第三节 常见疾病的预防和护理 (79)
第四节 意外伤害的预防和处理 (90)

第五章　婴幼儿教育实施 …………………………………… (103)
　第一节　肢体动作 ………………………………………… (103)
　第二节　智力开发 ………………………………………… (110)
　第三节　社会交往 ………………………………………… (114)
　第四节　实施个别化教学 ………………………………… (120)
参考文献 ……………………………………………………… (126)

第一章　育婴员职业认知

第一节　育婴员工作认知

一、育婴员的主要工作

育婴员的主要工作包括对婴幼儿（0~1岁为婴儿，1~3岁为幼儿）的生活照料、保健护理、教育实施这3个方面的内容。育婴员应熟练掌握婴幼儿的饮食、喝水、睡眠、二便、三浴、卫生护理和生长监测、疫苗接种、常见疾病护理等方面的技能。

1. 婴幼儿生活照料

（1）饮食。育婴员在照料婴幼儿的饮食时，应具备以下技能。

①能够进行母乳喂养指导。

②能够正确冲调奶粉。

③能够正确准备喂哺用具和熟练喂哺婴幼儿。

④能够制作泥糊状食品并正确喂食。

⑤能够正确选择、搭配、制作固体食物。

（2）饮水。育婴员在照料婴幼儿的喝水时，应能够运用正确方法给不同年龄的婴幼儿喂水。

（3）睡眠、二便、三浴。育婴员在照料婴幼儿的睡眠、二便、三浴时，应具备以下技能。

①能够营造温度、光线、声音、通风、睡具等适宜的睡眠

条件。

②能够正确包裹婴幼儿。

③能够给婴幼儿穿、脱衣服。

④能进行婴幼儿二便后的清洁处理。

⑤能为婴幼儿进行水浴、日光浴、空气浴。

（4）卫生（居室、个人、四具）。育婴员在照料婴幼儿的卫生时，应具备以下技能。

①能够保持居室卫生。

②能够定期对婴幼儿卧具、餐具、玩具、家具进行消毒。

③能够对婴幼儿进行眼、外耳道、口腔、腋窝、外阴的清洁。

④能够给婴幼儿洗头、洗澡。

2. 婴幼儿日常保健

（1）生长监测。在婴幼儿生长监测期，育婴员应能够为婴幼儿测量体重、身高，并做好相应的记录。

（2）疫苗接种。在婴幼儿的疫苗接种期，育婴员应能够按时让婴幼儿进行疫苗接种，并做好护理工作。

（3）常见疾病护理。在婴幼儿遭遇疾病时，育婴员应能够给患病的婴幼儿正确喂药，并进行简易护理。

（4）预防铅中毒。在婴幼儿日常生活中，育婴员应能够识别、预防铅中毒。

（5）危险因素识别。在婴幼儿日常生活中，育婴员应能够识别各种危险因素，并提前做好各种预防措施。

3. 婴幼儿教育实施

（1）动作训练。在训练婴幼儿的动作时，育婴员应具有以下技能。

①能够适时地对婴幼儿进行大动作训练。

②能够对婴幼儿进行精细动作训练。

第一章 育婴员职业认知

（2）智力开发。
在开发婴幼儿的智力时，育婴员应具备以下技能。
①能够对婴幼儿进行认知能力训练。
②能够对婴幼儿进行语言训练。
（3）社会行为培养。
在培养婴幼儿的社会行为时，育婴员应具备以下技能。
①能够适时培养婴幼儿生活自理能力。
②能够适时培养婴幼儿社会交往能力。
③能够适时培养婴幼儿良好的情绪行为。

二、育婴员的上岗须知

（1）带齐个人日常用品，包括入户工作服一套、拖鞋、毛巾、住宿所需衣物及洗漱用品等。
（2）养成良好的个人卫生习惯，勤洗澡、勤洗头、勤剪指甲，进门要洗手，换好工作服再抱宝宝。
（3）不得浓妆艳抹，不要戴戒指，防止划伤宝宝。
（4）宝宝的专用物品，不得混用，并要勤晾晒、勤消毒。奶瓶类用品消毒过后的不得随便用手抓拿，要用专用夹具，以保证宝宝的身体健康。
（5）在育儿工作中遇到疑难问题时，要及时与公司取得联系，遇到异常症状要首先向家长汇报。遇到急诊症状要及时通知到家长实行解决，不得误事。
（6）不得抱着宝宝长时间看电视。
（7）不得带宝宝到超出规定的范围去游逛。
（8）在没有人看护宝宝的情况下，不得从事其他家务，以确保宝宝的安全。
（9）不经同意不得使用用户电话，不得打长途电话，不得上网。

（10）不得带自己的亲朋好友进入用户家中，更不得让陌生人进门，以确保用户财产安全。

（11）入户时不要多带个人财物，照料环境卫生时，不要乱翻乱动用户用品，不得向用户索要东西。

（12）不得向用户提出与《服务协议》相违背的要求或附加条件，有任何问题都应向公司反映以求问题得到妥善解决。

（13）做好日常的工作日记，每个月要请用户做1次小结，并向公司汇报，以进一步提高服务质量。

（14）如遇生病等特殊情况，不能继续工作时，应提前向公司和用户说明情况，待公司安排后方可离岗，否则，应承担由此带来的损失。

（15）月工资应通过公司结算。

（16）绝不允许把宝宝交给家人以外的其他任何人代管或让其带走外出，要确保宝宝的人身安全，对用户负责。

第二节 育婴员职业守则

一、育婴员的职业道德

1. 热爱婴幼儿，尊重婴幼儿

0~3岁是人的一生中生长发育最快的时期，对人一生的生长发育、身体素质、智力和人格发展将产生重要而深远的影响。有人把婴幼儿教育形象地比喻为一种"根"的教育，只有培育好幼苗，才能长成参天大树，才能成长、成才，甚至成为国家的栋梁。

（1）热爱婴幼儿。必须了解婴幼儿，掌握婴幼儿在不同年龄阶段的生理、心理和行为特点，根据婴幼儿的生长发育规律给予科学的教育和指导。

热爱婴幼儿必须要有爱心、耐心、诚心和责任心,学会站在婴幼儿的角度上考虑问题。只有热爱婴幼儿,才能以饱满的热情投入到实际工作中去,才能全心全意地为婴幼儿和其家长提供最优质的服务。

(2)尊重婴幼儿。主要是尊重婴幼儿生存和发展的权利,尊重婴幼儿的人格和自尊心,用平等和民主的态度对待每一个婴幼儿,满足每一个婴幼儿的合理要求。

了解婴幼儿的发育规律是热爱婴幼儿、尊重婴幼儿的前提,如果真正做到这一点,就不会把婴幼儿看作"物",而是看作"人",即有想法、有感情、需要交流的人。因此,育婴员不能对育婴工作简单了事,而是要在实际操作中和婴幼儿进行情感、语言的交流。

2. 爱岗敬业,优质服务

爱岗敬业,优质服务是社会主义职业道德最重要的体现,是对从业人员的最基本要求。

(1)爱岗。爱岗就是热爱自己的工作岗位,热爱本职工作,亦称热爱本职。爱岗是对人们工作态度的一种普遍要求。每个岗位都承担着一定的社会职能,都是从业人员在社会分工中所扮演的一个公共角色。在现阶段,就业不仅意味着以此获得生活来源,还意味着有了一个社会承认的正式身份,能够履行社会的职能,掌握一种谋生手段。热爱本职,就要求育婴员以正确的态度对待本职业的劳动,努力培养热爱自己所从事工作的幸福感、荣誉感。

一个人一旦爱上了自己的职业,他的整个身心就会融合在职业工作中,就能在平凡的岗位上做出不平凡的事业,从而实现自身的价值。

(2)敬业。敬业就是用一种严肃的态度对待自己的工作,勤勤恳恳、兢兢业业、忠于职守、尽职尽责。中国古代思想家就提倡敬业精神，孔子称之为"执事敬"，朱熹解释敬业为"专心致志，以事其业"。

目前，敬业包含两层含义：一是谋生敬业。许多人是抱着强烈的挣钱养家、发财致富的目的对待职业的。这种敬业道德因素较少，个人利益色彩较多。二是真正认识到自己工作的意义敬业，这是高一层次的敬业，这种内在的精神才是鼓舞人们勤勤恳恳、认真负责工作的强大动力。

育婴员面对的是0~3岁婴幼儿，非常活泼好动，但体能和智能还没有达到成熟的程度，很容易惹出麻烦；生活上又很依赖育婴员，常常使育婴员费心、费力。带养婴幼儿需要极大的责任心，需要调整自我的心态，认识到工作中遇到的许多困难，都是婴幼儿发展过程中的必然现象。

3. 遵纪守法，诚实守信

（1）遵纪守法。遵纪守法是每一个从业人员必须具备的最起码的道德要求，也是衡量一个从业人员道德水平高低的标准。

遵纪守法是做好育婴工作的前提。一个具有高尚职业道德品质的人，肯定是一个模范遵守职业纪律的人。要做到遵纪守法，必须经常学习法律知识，做到懂法、用法、依法办事、依法律己、依法指导本职工作，不断增强遵纪守法的自觉性，模范地恪守职业道德守则。

（2）诚实守信。诚实守信是做人的根本，是中华民族的传统美德，也是优良的职业作风。诚实是在职业活动中从业者应严格按照每道工序的操作程序去做，做到诚实劳动，守信是诚实的具体体现。在职业活动中，要遵守信誉，言行一致，表里如一。不轻许诺言，对婴幼儿及其家庭的有关资料保密，保护个人隐私，才能得到同行和家长的信任，建立和谐的人际关系。

育婴员是直接为婴幼儿、为家长、为社会提供服务的一种"窗口行业"，所以，必须用真诚的态度对待工作。无论是对婴幼儿,还是对家长都要以诚相待,为他人着想,多一些理解和谅解,以诚实守信的道德品质,赢得社会和家长的信任。

二、育婴员的工作守则

(1) 认真履行工作职责,具有服务意识和奉献精神。

(2) 平等地对待每一个婴儿,让他们充分享有安全感、自信心和自尊心。

(3) 掌握婴儿身心发育的特点和规律,用科学的方法进行喂养和教育。

(4) 坚持保教并重的原则,注意培养婴儿的个性、品德和行为习惯。

(5) 尊重婴儿的个性差异,促进其潜能的充分发挥。

(6) 了解科学婚孕的知识,掌握婴儿的科学喂养、日常护理、早期教育以及常见疾病防治等专业知识和操作技能。

(7) 宣传科学育婴、保教并重的基本理念。

(8) 对雇主家庭的有关资料保密,保护个人隐私。

(9) 根据雇主家庭和社会有关方面的意见,改进和提高工作质量。

(10) 为婴儿生理和心理健康发育创造良好的社会环境,为婴儿入托奠定良好的基础。

第三节 育婴员服务礼仪

一、育婴员行为礼仪

1. 进、出门礼仪

(1) 进门礼仪。当有事情要问雇主及其家人而他们又在房间,或他们在房间喊你做什么事情时,进门要先敲门。应先敲三

下,隔一小会儿,再敲几下。

(2)出门礼仪。当问完事情或雇主及家人交代完事情后,应先问他们是否要把门关上。如果雇主及其家人要求你把门关上,你就可以关上房间的门;而如果他们说不需要关门时,你就不用关,只要说声"那好,打扰了,我先出去做事了。"就可以出门了。

2. 握手礼仪

握手是在相见、离别、恭贺,或致谢时相互表示情谊、致意的一种礼节,双方往往是先打招呼,后握手致意。

(1)握手的顺序。握手的顺序为主人、长辈、上司、女士主动伸出手,客人、晚辈、下属、男士再相迎握手。

(2)握手的注意事项。和别人握手时,一定要用右手,要紧握对方的手。当然,过紧地握手,或是只用手指部分漫不经心地接触对方的手,这样都是不礼貌的。握手时间一般以1~3秒为宜。

被介绍之后,最好不要立即主动伸手。被介绍给年长者时,应根据其反应行事,也就是说当年长者用点头致意代替握手时,你也应随之点头致意。

对年长者应稍稍欠身。有时为表示特别的尊敬,可用双手相握。握手时双目应注视对方,微笑致意或问好。

在任何情况下,拒绝对方主动要求握手的举动都是无礼的。特别注意当手上有水或不干净时,应谢绝握手,同时,必须向对方解释并道歉。

3. 交谈礼仪

在正常的人际交往中,与人交谈是必不可少的,而且是十分重要的。恭敬有礼的话语能温暖人心,恶语伤人则会使人与人之间的关系刻薄、冷淡。

交谈要想取得良好的效果,则需注意以下几点。

第一章 育婴员职业认知

(1) 不要随便打断对方的谈话，或抢接对方的话头，以免扰乱了对方的思路。

(2) 避免由于自己注意力的分散，让对方再次重复谈过的话题，这样是极其不礼貌的。

(3) 不要随便解释某种现象，轻率地下断语，借以表现自己的内心想法。

(4) 当对方对某一个话题还是很感兴趣而你却感到不耐烦时，立即将话题转移到自己感兴趣的方面，这种做法极其不礼貌。

(5) 饭后漱口，保持口腔清洁、无异味。

(6) 保持微笑，表情和蔼可亲，提高婴幼儿的亲和力。

(7) 起床后应精神饱满，不要无精打采。

4. 举止要求

目光要温和，不要歪目斜视站立应挺直，要给人一种端正、庄重的感觉；不要歪脖子、斜腰、屈腿。

入座时动作应轻、慢，不可随意拖拉椅凳；身体不要前后、左右摆动，应并拢两腿膝盖或小腿交叉端正坐稳，不可两腿分开坐。

与雇主或长者一起行走时，应让其走在前面；并排而行时，应让他们走在里侧；不要将双手插入裤袋或反背于背后行走。

(1) 不要用手指对着别人指指点点，这样是极其不礼貌的行为；

(2) 不要随便向对方摆手，这些动作是拒绝别人或极不耐烦的意思；

(3) 不要把手插进口袋，因为这样给人心不在焉的感觉；

(4) 不要反复摆弄自己的手指，这样给人很不自在的感觉；

(5) 不应搔首弄姿，这样会给人不正经、不端庄的感觉；

(6) 不应当众搔头、挖鼻孔、剔牙、抓痒、抠脚等，这样

给人素养不高的感觉。

二、育婴员礼貌用语

"您好""请""谢谢""对不起"和"再见"是日常生活中人际交往所必需的。对于从事服务业的育婴员来说,经常要与雇主进行语言上的沟通和交流,显然学会正确使用这些礼貌用语,可以体现出公司的优质服务和自身的文化修养以及文明程度。

1. 如何说"您好"

"您好"是向别人表示敬意的问候语和招呼语。恰当地使用能使双方都感到亲切、温暖。育婴员在使用时,通常要注意以下几点。

(1)当第一次和雇主见面时,应主动先向雇主招呼说:"您好!"然后才能说其他服务事项,不要顺序颠倒。

(2)当雇主及其家人先向给你打招呼说"您好"时,育婴员应立即相应地回敬说"您好!",同时,应向雇主及其家人微笑和点头。

(3)在使用时,也可根据不同的时间使用"早上好""下午好"或"晚上好"。还可以加上称语,如"您好先生"或"先生您好"等。

2. 如何说"请"

说"请"本身就是含着对他人的敬意。这个词可以单独使用,也可以和其他词搭配使用,这样能表示出更加明确的意义。

(1)当雇主及其家人有事情喊你过去时,可用"请"字。如"请稍等!马上过来。"等。

(2)在希望得到他人谅解时,要用"请"。如"请原谅""请相信我不是故意这样做的"等。

(3)要求对方不要做某事时,可用"请"字。如"请不要在这儿吸烟"等。

(4) 要求对方帮你做某事情时，可用"请"字。如"请你给我帮个忙，好吗？"等。

3. 如何说"谢谢"

"谢谢"是礼貌地表示感谢的用语。使用"谢谢"时应注意以下几点。

(1) 应知道对什么样的言行举止说"谢谢"。如对他人为自己提供帮助、雇主或其家人向自己提出宝贵的意见或建议以及对你的服务工作表示满意、称赞等时，都需要使用这句礼貌用语。

(2) 说"谢谢"时要表情自然、面带微笑、目视对方。"谢谢"二字的重音应在第一个字上，吐字要清晰、语速要适中、语调要柔和，节奏不能呆板。

(3) 不要千篇一律地使用"谢谢"，可根据实际需要变化使用。如可以说："谢谢""十分感谢""谢谢您的帮助""谢谢您告诉我""谢谢您的称赞"以及"谢谢您为我解决了这个问题"等。

4. 如何说"对不起"

"对不起"是道歉的礼貌用语，通常是在自己对别人有愧意或有过失行为时使用，有请求他人原谅的含义。使用"对不起"时，应根据不同场合，并加以说明。

(1) 言行举止不当时，需使用"对不起"，以便取得他人的原谅。如"对不起，我把这件事忘了，这是我的疏忽"等。

(2) 希望得到对方谅解时使用。如"对不起，请稍等片刻""对不起，让您久等了""对不起，打扰您了"等。

(3) 当不能满足雇主或其家人的需求时使用。如"对不起，您这样做是十分不安全的"等，并可以拿出一个切实可行的方案，从而让雇主及其家人信服。

(4) 在坚持原则又需礼貌待客时使用。如"对不起，我们必须按照我们公司的规定做。""对不起，我们不能违反公司规

定。"等。

5. 如何说"再见"

"再见"是人们在分别时说的告别语,含有依依不舍、希望重逢的意愿。使用时要掌握以下几点。

(1)说"再见"要自然、亲切、面带笑容、目光注视对方;不可东张西望、漫不经心,更不可造作。

(2)通常情况下说"再见",不要把声音故意拖长、放慢,嗓门不宜太大;可适当借助手势来表达,如握握手、他人走远时摆摆手等。

(3)说"再见"时,可根据情景需要,再说上几句其他的话语。如"希望您再来""祝您一路平安"等。

(4)不论打电话、接电话或通话结束时,应主动说"再见"以示礼貌。

第四节 与育婴员相关的法律知识

一、《母婴保健法》

《中华人民共和国母婴保健法》(简称《母婴保健法》)是根据宪法制定的。1994年10月2日第八届全国人民代表大会常务委员会第十次会议通过,1995年6月1日施行。《母婴保健法》是我国第一部保护妇女儿童健康的专门法律,其立法宗旨是"为了保障母亲和婴儿健康,提高出生人口素质"。它是通过法律来规范医疗保健机构开展母婴保健专项技术服务的行为,并充分尊重公民享有母婴保健服务的权利和知情选择权。《母婴保健法》规定医疗保健机构为公民提供以下保健服务。

1. 婚前保健服务

婚前保健服务包括婚前卫生指导、婚前卫生咨询和婚前医学检查。通过以上保健服务。公民可以得到生殖健康教育，使准备结婚的男女双方在结婚前了解性生理、性卫生和新婚避孕等知识，了解健康与婚姻的关系，了解营养、疾病对后代的影响。通过婚前医学检查，发现影响婚育的严重疾病，可在医生的指导下采取不同的措施，并可得到及时的治疗。这样做，对身体健康、婚姻美满、家庭幸福、优生优育均有积极的作用，是一项利国利民的好事。

2. 孕产期保健服务

孕产期保健服务包括母婴保健指导，孕妇、产妇保健，胎儿保健服务。通过孕产期系列保健服务，不仅保护母亲的健康，而且保护了胎儿的健康。

3. 婴幼儿保健服务

婴幼儿保健服务包括母乳喂养的指导，新生儿疾病筛查、婴幼儿体格检查、预防接种、多发病和常见病的防治等。

二、《中华人民共和国未成年人保护法》

新修订的《中华人民共和国未成年人保护法》已于2007年6月1日起施行。新法规定：未成年人享有受教育权，未成年人享有生存权、发展权、受保护权、参与权等权利。国家、社会、学校和家庭尊重和保障未成年人的受教育权。

第五条　保护未成年人的工作，应当遵循下列原则。

（1）尊重未成年人的人格尊严。

（2）适应未成年人身心发展的规律和特点。

（3）教育与保护相结合。

第六条爱护未成年人，是国家机关、武装力量、政党、社会团体、企事业组织、城乡基层权重性自治组织、未成年人的监护人和其他成年公民的共同责任。

第二十一条　学校、幼儿园、托儿所的教职工应当尊重未成年人的人格尊严，不得对未成年人实施体罚、变相体罚或者其他侮辱人格尊严的行为。

第三十四条 禁止任何组织、个人制作或者向未成年人出售、出租或者以其他方式传播淫秽、暴力、凶杀、恐怖、赌博等毒害未成年人的图书、报纸、音像制品、电子出版物以及网罗信息等。

第三十五条 生产、销售用于未成年人的视频、药品、玩具、用具和游乐设施等，应当符合国家标准或者行业标准，不得有害于未成年人的安全和健康；需要标明注意事项的，应当在显著位置标明。

第四十条 学校、幼儿园、托儿所和公共场所发生突发事件时，应当优先救护未成年人。

第四十四条 卫生部门和学校应当对未成年人进行卫生保健和营养指导，提供必要的卫生保健条件，做好疾病预防工作。卫生部门应当做好对儿童的预防接种工作，国家免疫规划项目的预防接种施行免费；积极防治儿童常见病、多发病，加强对传染病防治工作的监督管理，加强对幼儿园、托儿所卫生保健的业务指导和监督检查。

第五十二条 人民法院审理继承案件，应当依法保护未成年人的继承权和受遗赠权。人民法院审理离婚案件，涉及未成年子女抚养问题的，应当听取有表达意愿能力的未成年子女的意见，根据保障子女权益的原则和双方具体情况依法处理。

三、《中华人民共和国劳动法》

《中华人民共和国劳动法》（全书简称《劳动法》）是劳动者从事劳动工作的法律依据，其根本目的是保护劳动者的合法权益，调整劳动关系。建立和维护适应社会主义市场经济的劳动制度，促进经济发展和社会进步。作为育婴员，应当了解一下关于《劳动法》的相关知识。

（1）劳动者就业，不因民族、种族、性别、宗教信仰不同而受歧视。

（2）妇女享有与男子平等的就业权利。在录用职工时，除国家规定的不适合妇女的工种或者岗位外，不得以性别为由拒绝录用或者提高对妇女的录用标准。

（3）残疾人、少数民族人员、退出现役的军人的就业，法律、法规有特别规定的，从其规定。

（4）禁止用人单位招用未满16周岁的未成年人。

（5）关于劳动合同的订立。

①订立和变更劳动合同，应当遵循平等自愿、协商一致的原则，不得违反法律、行政法规的规定。劳动合同依法订立即具有法律约束力，当事人必须履行劳动合同规定的义务。

②下列劳动合同无效：一是违反法律、行政法规的劳动合同；二是采取欺诈、威胁等手段订立的劳动合同。无效的劳动合同，从订立的时候起，就没有法律约束力。确认劳动合同部分无效的，如果不影响其余部分的效力，其余部分仍然有效。劳动合同的无效，有劳动仲裁委员会或者人民法院确认。

③劳动合同应当以书面形式订立，并具备以下条款：劳动合同期限，工作内容，劳动保护和劳动条件，劳动报酬，劳动纪律，劳动合同终止的条件，违反劳动合同的责任。劳动合同除前款规定的必备条款外，当事人可以协商约定其他内容。

④劳动合同的期限分为：固定期限、无固定期限和以完成一定的工作为期限。劳动者在同一用人单位连续工作满10年以上，当事人双方同意续延劳动合同的，如果劳动者提出订立无固定期限的劳动合同，应当订立无固定期限的劳动合同。

⑤劳动合同可以约定试用期。试用期最长不得超过6个月。

⑥劳动合同当事人可以在劳动合同中约定保守用人单位商业秘密的有关事项。

⑦劳动合同期满或者当事人约定的劳动合同终止条件出现，劳动合同即行终止。

⑧经劳动合同当事人协商一致，劳动合同可以解除。劳动者有下列情形之一的，用人单位可以解除劳动合同：在试用期间被申明不符合录用条件的；严重违反劳动纪律或者用人单位规章制度的；严重失职，营私舞弊，对用人单位利益造成重大损害的；被依法追究刑事责任的。

⑨有下列情形之一的，用人单位可以解除劳动合同，但是，应当提前30日以书面形式通知劳动者本人：劳动者患病或者非因工负伤，医疗期满后，不能从事原工作也不能从事由用人单位另行安排的工作的；劳动者不能胜任工作，经过培训或者调整工作岗位，仍不能胜任工作的；劳动合同订立时所依据的客观情况发生重大变化，致使原劳动合同无法履行，经当事人协商不能就变更劳动合同达成协议的。

（6）关于劳动报酬

①工资是指基于劳动关系，用人单位根据劳动者提供的劳动数量和质量，按照劳动合同约定支付的货币报酬。

②最低工资是指用人单位对单位时间劳动至少必须按法定最低标准支付的工资。

③劳动者在法定休假日和婚丧假期间以及依法参加社会活动期间，用人单位应当依法支付工资。

（7）《劳动法》是劳动者从事劳动工作的法律依据，其根本目的是保护劳动者的合法权益，调整劳动关系，建立和维护适应社会主义市场经济的劳动制度，促进经济发展和社会进步。

（8）关于劳动合同的订立

①订立和变更劳动合同，应当遵循平等自愿、协商一致的原则，不得违反法律、行政法规的规定。劳动合同依法订立即具有法律约束力，当事人必须履行劳动合同规定的义务。

第一章 育婴员职业认知

②下列劳动合同无效:一是违反法律、行政法规的劳动合同;二是采取欺诈、威胁等手段订立的劳动合同。无效的劳动合同,从订立的时候起,就没有法律约束力。确认劳动合同部分无效的,如果不影响其余部分的效力,其余部分仍然有效。劳动合同的无效,由劳动仲裁委员会或者人民法院确认。

③劳动合同应当以书面形式订立,并具备以下条款:劳动合同期限,工作内容,劳动保护和劳动条件,劳动报酬,劳动纪律,劳动合同终止的条件,违反劳动合同的责任。劳动合同除前款规定的必备条款外,当事人可以协商约定其他内容。

④劳动合同的期限分为:固定期限、无固定期限和以完成一定的工作为期限。劳动者在同一用人单位连续工作满10年以上,当事人双方同意续延劳动合同的,如果劳动者提出订立无固定期限的劳动合同,应当订立无固定期限的劳动合同。

⑤劳动合同可以约定试用期。试用期最长不得超过6个月。

⑥劳动合同当事人可以在劳动合同中约定保守用人单位商业秘密的有关事项。

⑦劳动合同期满或者当事人约定的劳动合同终止条件出现,劳动合同即行终止。

⑧经劳动合同当事人协商一致,劳动合同可以解除。劳动者有下列情形之一的,用人单位可以解除劳动合同:在试用期间被申明不符合录用条件的;严重违反劳动纪律或者用人单位规章制度的;严重失职,营私舞弊,对用人单位利益造成重大损害的;被依法追究刑事责任的。

⑨有下列情形之一的,用人单位可以解除劳动合同,但是,应当提前30日以书面形式通知劳动者本人:劳动者患病或者非因工负伤,医疗期满后,不能从事原工作也不能从事由用人单位另行安排的工作的;劳动者不能胜任工作,经过培训或者调整工作岗位,仍不能胜任工作的;劳动合同订立时所依据的客观情况

发生重大变化,致使原劳动合同无法履行,经当事人协商不能就变更劳动合同达成协议的。

(9) 关于劳动报酬

①工资是指基于劳动关系,用人单位根据劳动者提供的劳动数量和质量,按照劳动合同约定支付的货币报酬。

②最低工资是指用人单位对单位时间劳动至少必须按法定最低标准支付的工资。

③劳动者在法定休假日和婚丧假期间以及依法参加社会活动期间,用人单位应当依法支付工资。

(10) 关于劳动争议

①用人单位与劳动者发生劳动争议,当事人可以依法申请调解、仲裁、提出诉讼,也可以协商解决。调解原则适用于仲裁和诉讼程序。

②解决劳动争议,应当根据合法、公正、及时处理的原则,依法维护劳动争议当事人的合法权益。

③劳动争议发生后,当事人可以向本单位劳动争议调解委员会申请调解;调解不成,当事人一方要求仲裁的,可以向劳动争议仲裁委员会申请仲裁。当事人一方亦可以直接向劳动争议仲裁委员会申请仲裁。对仲裁裁决不服的,可以向人民法院提出诉讼。

四、《中华人民共和国职业教育法》

《中华人民共和国职业教育法》是为了实施科教兴国战略,发展职业教育,提高劳动者素质,促进社会主义现代化建设,根据教育法和劳动法,制定的法规。

第一章第三条规定:"职业教育是国家教育事业的重要组成部分,是促进经济、社会发展和劳动就业的重要途径。国家发展职业教育,推进职业教育改革,提高职业教育质量,建立、健全适应社会主义市场经济和社会进步需要的职业教育制度"。

第一章第四条规定:"必须对受教育者进行职业道德教育,传授职业知识,培养职业技能,进行职业指导,全面提高受教育者的素质"。

第一章第八条规定:"实施职业教育应当根据实际需求,同国家制定的职业分类和职业等级标准相适应,实行学历证书、培训证书和职业资格证书制度。国家实行劳动者在就业前或者上岗前接受必要的职业教育的制度"。

育婴员要选择专业机构,完成职业培训,获得专业技能,取得职业培训证书,持证上岗。

第二章　育婴必备知识

第一节　0~3岁婴幼儿的生理发育

联合国儿童基金会将儿童期定为 0~18 岁。根据我国的生活条件和教育情况，一般把从出生到成人之间（0~18 岁）的发展过程分为新生儿期、婴幼儿期、学龄前期、学龄期、少年期和青年期 6 个阶段。婴幼儿在每个年龄阶段都有相对稳定和独立的特点。

一、婴幼儿各期特点

1. 胎儿期

胎儿期是指从精卵细胞结合，到胎儿娩出为止，贯穿整个妊娠过程。胎儿完全依靠母体而生存。由于胎盘和脐带异常或其他原因引起的胎儿缺氧、各种感染、不良理化因素以及孕妇营养不良、吸烟酗酒、精神和心理创伤等不利因素，均可导致胎儿生长发育障碍，严重者可致死胎、流产、早产或先天畸形等后果。

2. 新生儿期

新生儿期指出生后自脐带结扎到未满 28 天，是婴儿出生后适应外界环境的阶段。此时小儿开始独立生活，由于内外环境发生了巨大变化，而其生理调节和适应能力还不够成熟，因此，发病率高，死亡率也高，这一时期是生命周期中最为脆弱的时期。

3. 婴儿期

婴儿期指婴儿出生至未满1周岁，是婴儿出生后生长发育最为迅速的时期。由于生长迅速，婴儿对营养素和能量的需要量相对较大，但其消化吸收功能尚未发育成熟，因此，容易发生消化紊乱和营养不良；后半年因从母体所获得的被动免疫力逐渐消失，易患感染性疾病。此期喂养十分重要，还需有计划地接受预防接种。

4. 幼儿期

幼儿期是指1周岁以后至3周岁。此期幼儿生长速度稍减慢但活动范围增大，接触周围事物增多，故神经心理发育较快，语言、思维和人际交往能力逐步增强，但对各种危险的识别能力不足，应注意防止意外伤害。由于活动范围增大而自身免疫力尚不够健全，故应注意防止传染病。

二、儿童生长发育的规律

生长是指儿童身体各器官、系统的长大，可用相应的测量值来表示其量的变化；发育是指细胞、组织、器官的分化与功能成熟。儿童生长发育不论是在总的速度还是各器官、系统的发育顺序，都遵循一定的规律。

1. **生长发育是连续的、有阶段性的过程**

生长发育在整个儿童时期不断进行，不同年龄阶段生长速度不同。如体重和身长在生后第一年为生后的第一个生长高峰，至青春期出现第二个生长高峰。

2. **各系统器官生长发育不平衡**

人体各器官系统的发育顺序遵循一定规律。如神经系统的发育较早，生殖系统发育最晚。其他系统如心、肝、肾、肌肉的发育基本与体格生长相平行。

3. 生长发育的一般规律

（1）由上到下。先抬头，后抬胸，再会坐、立、行。

（2）由近到远。从臂到手，从腿到脚的活动。

（3）由粗到细。从全掌抓握到手指拾取。

（4）由低级到高级。从会看、听、感觉事物，认识事物，发展到有记忆、思维、分析、判断。

（5）由简单到复杂。先画直线，后画圈、画图形。

4. 生长发育的个体差异

儿童生长发育虽按一定的总规律发展，但在一定范围内受遗传、环境的影响，存在着相当大的个体差异，每个人生长的"轨道"都不完全相同。

三、影响生长发育的因素

1. 营养

儿童的生长发育，包括宫内胎儿生长发育，需充足的营养素供给。当营养素供给比例恰当，加之适宜的生活环境，可使生长潜力得到最好的发挥。

2. 疾病

疾病对生长发育的阻挠作用十分明显。急性感染常使体重减轻；长期慢性疾病则影响体重和身高的发育；内分泌疾病常引起骨骼生长和神经系统发育迟缓；先天性疾病，如先天性心脏病则引起生长迟缓。

3. 母亲情况

胎儿在子宫内的发育受母亲生活环境、营养、情绪、疾病等各种因素的影响。母亲妊娠早期的病毒性感染可导致胎儿先天畸形；妊娠期严重营养不良可引起流产、早产和胎儿体格生长以及脑的发育迟缓；妊娠早期受到某些药物、X射线照射、环境中有毒物和精神创伤的影响，可使胎儿发育受阻。

4. 生活环境

生活环境对儿童健康的重要作用往往易被家长和儿科医生忽视。良好的居住环境，如阳光充足、空气新鲜、水源清洁、无噪声、居住条件舒适以及良好的生活习惯、科学护理、良好教养、体育锻炼、完善的医疗保健服务等都是促进儿童生长发育达到最佳状态的重要因素。

5. 遗传因素

父母双方的遗传因素决定了小儿生长发育的"轨道"或"特征"、潜力趋向。种族、家庭的遗传信息影响深远，如皮肤和头发的颜色、脸型特征、身材、性发育的迟早、对传染的易感性等。

四、体格发育指标的意义及测量

一般常用的体格生长指标有体重、身高（长）、坐高（顶臀长）、头围、胸围、上臂围、皮下等。

1. 体重

体重为各器官、组织及体液的总重量，是反映儿童生长与营养状况的重要指标。儿童年龄越小，体重增长越快。婴儿出生体重平均为3kg，1岁时体重约为出生时的3倍（9kg），是生后体重增长的第一个生长高峰；2岁时体重约为12kg；2岁至青春前期体重增长减慢，每年约增加2kg。小儿体重可按以下公式粗略估计。

1~6个月：体重（kg）＝出生体重（kg）＋月龄×0.7（kg）

7~12个月：体重（kg）＝出生体重（kg）＋月龄×0.5（kg）

2~12周岁：体重（kg）＝年龄×2（kg）＋8（kg）

体重测量方法：6个月以内的婴儿每月测量1次，7~12个月的婴儿每2个月测1次，13~36个月的婴儿每3个月测1次。0~3岁时用婴幼儿磅秤称量，3岁以上时用杠杆式体重秤称量。

测量前，小儿应排大小便，脱鞋、袜、帽子和外面的衣服，仅穿背心（或短袖衫）、短裤衩。婴幼儿卧于秤盘中（无婴儿磅秤者可于台秤上放1个固定重量的箩筐，称重后减去箩筐重），1~3岁小儿可采用坐位测量。

2. 身长（高）

身长（高）指头部、脊柱与下肢长度的总和，是反映骨骼发育的重要指标。身长（高）的增长规律与体重相似。年龄越小增长越快，出生时身长平均为50cm，1岁时身长约为75cm；2岁时身长约85cm；2岁以后身高每年增长5~7cm。2岁至青春期身高粗略计算公式为：身高（cm）＝年龄×7+70（cm）。

身高测量方法：3岁以下小儿取卧位。小儿去鞋袜，仅穿单裤，仰卧于测量床底板中线上，助手固定小儿头使其接触头板。测量者位于小儿右侧，左手握住两膝，使两下肢互相接触并贴紧底板，右手移足板，使其接触两侧足跟，读数。3岁以上小儿和青少年量身高取立位。

3. 头围

头围的测量在2岁以内最有价值。头围的增长与脑和颅骨的生长与双亲的头围有关。出生时头相对大，平均32~34cm，1岁时头围约为46cm；2岁时头围约48cm；2~15岁头围仅增加6~7cm。较小的头围常提示脑发育不良；头围增长过速往往提示脑积水。

头围测量方法：小儿取立位、坐位或仰卧位，测量者立于被测者之前或右方，用左手拇指将软尺零点固定于头部右侧齐眉弓上缘处，软尺从头部右侧经过枕骨粗隆最高处而回至零点，读至0.1cm。量时软尺应紧贴皮肤，左右对称，长发者应先将头发在软尺经过处向上下分开。

4. 胸围

胸围代表肺与胸廓的生长，也是评价营养状况的指标。婴儿出生时胸围约32cm,略小于头围1~2cm。1岁左右胸围约等于头围。以后胸围超过头围,胸围与头围的差数等于实足年龄数。

胸围测量方法:小儿取卧位或立位,被测者应处于平静状态,两手自然平放(卧位时)或下垂,两眼平视,测量者立于其前或右方,用左手拇指将软尺零点固定于被测者胸前乳头下缘,右手拉软尺使其绕经右侧后背以两肩下角下缘为准,经左侧而回至零点。注意前后左右对称,取呼、吸气时的中间值。

5. 上臂围

上臂围代表肌肉、骨骼、皮下脂肪和皮肤的生长,是评价营养的简易指标。1岁以内上臂围增长迅速,1~5岁增长缓慢,1~2cm。1~5岁儿童上臂围12.5~13.5cm为中等,小于12.5cm表示营养状况低下,超过13.5cm为营养良好。

上臂围测量方法:被测者上肢放松下垂,在肱二头肌最凸出处进行测量。测处系肩峰与尺骨鹰嘴连线中点,周径与肱骨成直角。测量时软尺只需紧贴皮肤即可,勿压迫皮下组织。

五、体格发育评价

1. 评价的参照标准

体格发育评价的标准常用身长和体重2个指标。采用按年龄的身长、按年龄的体重以及按身长的体重3种方法进行评价,参照标准有"中国九市儿童体格发育衡量数字"(简称中国九市标准)和世界卫生组织(WHO)推荐的"国际生长标准"。一般常用后者。

2. 正常范围

对照参照标准,可以确定一个正常范围,采用统计学上的离差法,即用平均数±2个标准差为正常范围,这个正常范围包含了95%的儿童。儿童的体重值或身长值在正常范围内,就评定为正常,超出正常范围就是不正常(过低或过高)。

3. 体格发育评价指标和方法

正确测量儿童的身长、体重、头围后，对照参照标准进行评价。常用的评价指标和方法有以下几种。

（1）按年龄的体重。根据不同年龄的体重标准进行评价的指标，体重值小于平均数-2个标准差（即体重<$\bar{x}$-2SD）为低体重；体重值大于平均数+2个标准差（即体重>$\bar{x}$+2SD）为体重超重，有肥胖的倾向。

（2）按年龄的身长。根据不同年龄的身长标准进行评价的指标。身长值小于平均数-2个标准差（即身长<$\bar{x}$-2SD）为生长迟缓即矮小。

（3）按身长的体重。不论年龄，根据不同身长的体重标准进行评价的指标，也就是指身长有多高，体重应该有多重，是评价儿童养育状况的可靠指标。按身长的体重小于平均数-2个标准差（即体重<$\bar{x}$-2SD）为消瘦。如超过平均数20%即为肥胖。

（4）头围。按照不同年龄的头围标准进行评价的指标。头围小于平均数-2个标准差（即头围<$\bar{x}$-2SD）为小头；头围大于平均数+2个标准差（即头围>$\bar{x}$+2SD）为大头。

第二节　0~3岁婴幼儿的心理发展

0~3岁婴幼儿心理发展包含许多方面，其中，感知觉能力、记忆能力、思维能力、想象能力、注意特性、人际交往关系、自我意识水平、情绪和情感特点、意志力等，对以后的发展有重要作用。

一、感知觉能力的发展

感觉能力和知觉能力是两种不同的能力，但又密切相关。感觉反映当前客观事物个别属性的认识过程，如物体的声、色、冷、热、软、硬等。知觉反映当前客观事物整体特征的认识过程，它是在感觉的基础上形成的。任何一个客观事物都包含多方面的属性，单纯靠某一种感觉是不能全面把握的。

1. 感觉能力的发展

新生儿凭借完好的感觉器官最先发展起各种感觉。最早出现的是皮肤感觉（触觉、痛觉等），其后逐步表现出敏锐的嗅觉、味觉、视觉和听觉。

2. 知觉能力的发展

婴儿约 6 个月能够坐起来的时候，可以较好地完成眼手协调的活动。手在视野范围内完成操纵、摆弄物品的活动（图 2-1），这是利用知觉能力综合认识物品特性的过程。一直到 3 周岁左右，婴儿的各种知觉能力飞快发展。

图 2-1　摆弄物品

二、记忆能力的发展

1岁以前的婴儿记忆能力比较差。5~6个月时婴儿可以记住自己的妈妈，但保持的时间很短。在反复出现的情况下，可以逐步认识周围熟悉的事物，保持对事物的记忆。

1岁以后幼儿的活动范围不断扩大，认识的事物增多，能够记住越来越多的东西。但是，这时的记忆无意性很强，主要凭借兴趣认识并记住自己喜欢的事物，记忆过程缺乏明确的目的。随着言语的发展、认识事物表象的积累及稳定性增强，开始形成主动提取眼前不存在的客体的意向。

2岁左右幼儿可以有意识地回忆以前的事件，不过这种能力还很弱。这种能力的出现和发展，与言语能力的发展密切相关。

三、思维能力的发展

人的思维有几种不同的方式，并能在成人头脑中并存。但是从发生、发展到成熟的程序看，它们并不是同时发生的，大约要经历18~20年的时间。

0~1岁是婴儿思维方式的准备时期，凭借手摸、体触、口尝、鼻闻、耳听、眼看，发展起感知觉能力，并在复杂的综合知觉的基础上，产生萌芽状态的表象。正是基于这种表象的产生，在语言的参与下，开始产生萌芽状态的思维现象。

1~3岁阶段幼儿主要产生的是人类的低级思维形式，即感知动作思维，又称直觉行动思维。

感知动作思维是指思维过程离不开直接感知的事物和操纵事物动作的思维方式，婴幼儿只有在直接摆弄具体事物的过程中，才能思考问题。

四、想象能力的发展

想象是对已有表象进行加工改造,建立新形象的心理过程。人类的想象活动是借助于词汇实现,是对已有表象进行的带有一定创造性分析的综合活动。

新生儿没有想象能力。1岁之前的婴儿虽然可以重现记忆中的某些事物,但还不能算是想象活动。

1~2岁的幼儿,由于个体生活经验不足,头脑中已存的表象有限,而表象的联想活动也比较差,再加上言语发展程度较低,所以,只有萌芽状态的想象活动。他们能够把日常生活中某些简单的行动反映在自己的游戏中。例如,把一块饼干放到娃娃嘴里,或者抱娃娃睡觉等。

3岁左右的幼儿,随着生活经验的不断积累和语言的发展,可以产生模仿成人社会生活情节的想象活动,进行有简单主题和角色的游戏。例如,带上一个"听诊器",装扮成大夫给"病人"看病(图2-2);拿上一件小衣服,装扮成"妈妈"给"孩子"穿衣服等。

图2-2 扮演小医生

3岁以前的幼儿想象的内容也比较简单，所产生的行为一般是他所看到的成人或其他大孩子某个简单行为的重复，属于再造想象的范围，缺乏创造性。这个年龄阶段的想象经常缺乏自觉的、确定的目的，只是零散的、片断的东西。

五、注意特性的变化

注意是一种心理特性，而非独立的心理过程，通常总是伴随着感知觉、记忆、思维、想象等活动表现出来，如注意听、看，全神贯注地想或记等。

注意可分为无意注意和有意注意2种。无意注意是一种事先没有预定目的，也不需要意志努力的注意；有意注意是一种主动服从于一定活动任务的注意，为了保持这种注意，需要一定的意志努力。在整个0~3岁阶段，无意注意占有主导的地位，有意注意还处于萌芽状态。

3个月左右的婴儿可以比较集中注意于感兴趣的新鲜事物，5~6个月时婴儿能够比较稳定地注视某一物体，但持续的时间很短。

1~3岁的幼儿，随着活动能力的发展和活动范围的扩大，接触的事物及感兴趣的东西越来越多，无意注意迅速发展，如2岁多时幼儿对周围的事物及其变化、对别人的谈话都会表现出浓厚的兴趣。而且相距几个月专注变化就很大：1岁半时能集中注意5~8分钟；1岁9个月时能集中注意8~10分钟；2岁时能集中注意10~12分钟；2岁半时能集中注意10~20分钟。

3岁前幼儿有意注意刚刚开始发展，水平较差。随着言语的发展和成人的引导，幼儿开始把注意集中于某些活动目标。例如，幼儿开始注意看少儿电视节目，如果节目不能引起兴趣，他们的注意便会转移。

六、人际交往关系的发展变化

婴幼儿的人际交往关系有一个发生、发展和变化的过程。首先发生的是亲子关系,其次是玩伴关系,最后是逐渐发展起来的群体关系。0~3岁阶段主要发生的是前2种交往关系。

0~1岁阶段主要建立的是亲子关系,即婴幼儿同父母的交往关系。父母是婴儿最亲近的人,也是接触最多的人。在关怀、照顾的过程中,父母对婴儿的体肤接触、感情展示、行为表现和语言刺激,这些都会对婴儿的成长产生深刻的影响。

1岁以后,随着动作能力和言语能力的发展及活动范围的扩大,幼儿开始表现出强烈追求小玩伴的心愿,于是出现玩伴交往关系(图2-3)。玩伴交往关系对人的发展起着至关重要的作用,它可以与亲子关系共存,但不能由亲子关系来代替。这种关系的缺失,会形成不健康的心理。

图2-3 幼儿玩伴

3岁前进行的玩伴交往活动常常是一对一的,但建立群体的玩伴交往关系还有一定程度的困难。

七、自我意识的发展

自我意识是意识的一个方面,包括自我感觉、自我评价、自我监督、自尊心、自信心、自制力、独立性等。它的发展是人的个性特征形成的重要标志之一。

幼儿1岁左右,在活动过程中,通过自我感觉逐步认识"生物人"自我。从2岁到满3岁,随着生活范围的扩大,社会经验的积累,语言能力的完善,开始逐步把握"社会人"的自我。

八、情绪情感的发展

0~3岁婴儿的情绪和情感,对其生存与发展起着至关重要的作用。情绪和情感是激活心理活动和行为的驱动力。良好的情绪和情感体验会激发婴儿积极的探求欲望与行动,促使他寻求更多的刺激,获得更多的经验。

新生儿消极情绪较多,如对不愉快的因素(饥饿、冷、不适)表现不安、啼哭(图2-4)。哺乳、抱、抚摸可使婴儿愉快。婴儿情绪表现具有短暂、反应强烈、易变、真实、容易冲动等特点。随着年龄的增长,婴儿对不愉快因素的耐受性增加,有意识控制自己情绪的能力逐渐增强,情绪逐渐趋向稳定。

情感是在情绪的基础上产生的对人、对物的关系的体验。例如,喜欢跟亲近的成人交往,因为,在交往中往往产生愉快的体验。也有对人的同情感,首先是对周围的人的痛苦表示同情。后来对其他婴幼儿表示同情,如为了使别的孩子快乐而放弃自己的一些快乐。在正确的教育下,幼儿也能具有最初的责任感,例如,上床以后不乱动、不说话。如果教育不正确,宝宝也会产生和发展一些否定的、不良的情绪和情感,如嫉妒、见生人怕羞、怕黑暗、怕雷声、爱发脾气,等等。

图 2-4　幼儿啼哭

九、意志力的发展

新生儿的行为主要受本能的反射支配，没有意志力，饿了就要吃，困了就立即睡。在 1~12 个月阶段，婴儿开始产生一些不随意运动，进而有随意运动，即学会的运动。如玩弄玩具，摆弄物品，奔向某个目标的爬行甚至走路等。初步的运动能力的掌握和运动的目的性，为婴儿意志力的产生奠定了基础。

1~3 岁的幼儿，随着语言能力的飞速发展，各种典型动作能力的形成以及自我意识的萌芽，幼儿带有目的性的、受言语调节的随意运动越来越多。开始是由成人用言语调节幼儿的行为，诱导幼儿做某些事情，禁止做某些事情。以后是幼儿自己用言语来调节自己的行为，"我要干什么""我不要干什么"，这种具有明显独立性的行为更多地出现在 2~3 岁阶段。幼儿开始在自己的言语调节下有意地行动或抑制某些行为，但时间极短。例如，坐下等待开饭，等热水稍凉一些再喝等。他们的行动更多地受当前目的物和行为欲望的支配，有很大的冲动性。

第三节 0~3岁婴幼儿营养需要

0~3岁婴儿正处在快速生长发育阶段，营养非常重要，它是保证婴儿正常生长发育、身心健康的重要因素。营养行为包括择食行为、喂食行为、进食行为。自然食物、均衡膳食、适度喂养、适量摄入是安全营养的重要原则。对此，育婴员有必要掌握以下几个基本概念。

一、热能

热能不是一种营养素，是食物中的产热营养在体内代谢过程中释放出的能量。机体依靠这些热能来维持各种生理功能并从事各项体力活动。食物中的蛋白质、碳水化合物、脂肪是热能的来源，而食物中的矿物质和维生素不能提供热能。

婴儿热能的需求量主要以自身热能的消耗量作为基础，而其热能的消耗则主要表现在基础代谢、食物特殊动力作用、生长消耗和运动消耗4个方面。

二、营养素

营养素是指维持人类生存的主要营养物质，一般来说包括蛋白质、脂肪、碳水化合物、矿物质、维生素和水。不同的营养素起着不同的作用。

1. 蛋白质

蛋白质是细胞的基本构成部分之一，是生命的"根源"，起着调节体内酸碱平衡、渗透压平衡等的作用，同时，体内水的维持和分布也受蛋白质影响。

婴儿缺乏蛋白质将阻碍细胞和组织的正常发育，造成生长发育迟缓，免疫功能下降，严重时可导致酸碱平衡、渗透压平衡失

第二章 育婴必备知识

调。蛋白质缺乏所致营养不良严重时，会使婴儿有生命危险。

蛋白质广泛存在于蛋、奶、瘦肉、鱼、豆制品及小麦、大米、干果、玉米等食物中。婴儿（1~12个月）每日每千克体重需 2~4g 蛋白质（母乳喂养每日每千克体重需 2g 蛋白质，牛奶喂养每日每千克体重需 3.5g 蛋白质，混合喂养每日每千克体重需 4g 蛋白质）。1~3 岁婴儿每日需 40g 蛋白质。

2. 脂肪

脂肪可储存人体热能，保护人体各器官、组织，促进婴儿的生长发育，而且含有脂肪的膳食一般比较香，口感好，可增强食欲，延缓胃排空时间，维持饱感，减轻胃肠负担。

脂肪摄入不足会影响大脑发育，使婴儿生长迟缓；脂肪摄入过多会引起肥胖。

脂肪主要来源于植物油和动物脂肪。

3. 碳水化合物

碳水化合物的主要作用是供给热能，缺乏会造成婴儿生长发育迟缓、体重减轻、免疫力下降。

碳水化合物主要来自谷物类、根茎类食物及食糖，而蔬菜、水果中也含有少量果糖、果胶和纤维素（果糖、果胶和纤维素都属于碳水化合物）。

4. 矿物质

矿物质是人体的重要组成部分，是人体代谢的"管家"，有维持和调整机体内平衡的功能。其中，钙、铁、锌、碘对婴儿生长发育影响较大且容易缺乏，育婴员在调理婴儿膳食时，应注意适当补充。

（1）钙。钙的代谢受维生素 D、甲状旁腺素和降钙素的调节。钙缺乏可致神经易兴奋、手足抽搐、牙齿松动、骨骼生长缓慢。0~6 个月婴儿每日需钙 400mg，7 个月至 2 岁为 600mg，3~9 岁为 800mg。

钙主要来源于牛奶和豆制品中，服用奶及奶制品是补充钙的最自然而有效的途径，且吸收率较高。另外，虾皮、紫菜等海产品和豆类、叶菜类蔬菜等钙含量也很高。食物中钙磷比为1：1时钙吸收率最高。

（2）铁。铁缺乏时，易引起血红细胞减少，产生缺铁性贫血，影响婴儿体格和智能发育。当前，婴儿缺铁性贫血在我国较常见，应予以关注。

含铁较多的食物有肝脏、瘦肉、豆制品、蛋、绿叶蔬菜（如芹菜、菠菜）等。婴儿每日每千克体重需铁1mg。

（3）锌。锌可促进婴儿生长发育，不满6个月的婴儿，每日约需锌3mg，7~12个月婴儿每日需5mg，1~3岁婴儿每日需10mg。锌缺乏会引起食欲缺乏、异食癖（吃土、吃纸）、生长发育迟缓、免疫机能降低、智力发育落后等。

含锌较多食物有肝脏、蛋、鱼类、瘦肉等。

（4）碘。碘主要用于合成甲状腺素。碘缺乏会引起甲状腺功能不足（地方性甲状腺肿大）、小儿体格发育迟缓、智力低下、呆傻等。

含碘较多的食物有紫菜、海菜等。

5. 维生素

维生素的主要功能是调节人体新陈代谢，它是维持人体健康必需的有机化合物，是生命活动的"动力"。维生素种类很多，各自作用不同。

（1）维生素A。维生素A的主要生理作用是促进生长发育，维持上皮组织完整性和正常视觉功能。维生素A缺乏可引起夜盲症、皮肤干燥、毛发枯干、角膜溃疡。维生素A中毒易出现四肢疼痛、脱发、生长停滞，婴儿囟门隆起、颅压升高。

维生素A主要来源于肝脏、鱼肝油、蛋黄、奶、胡萝卜素等。0~1岁婴儿每日需要200μg当量维生素A，1~4岁每日需要

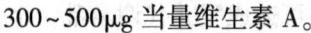

300～500μg 当量维生素 A。

（2）维生素 B1。维生素 B1 缺乏可引起食欲差、精神缺乏，若母乳缺乏维生素 B1，可引起婴儿脚气病。

维生素 B1 主要来源于肝脏、瘦肉、鸡蛋、鱼、新鲜蔬菜、粗制谷物、豆类等。

（3）维生素 B2。维生素 B2 缺乏可引起角膜充血和畏光、口唇干裂、口角炎、舌乳头增大。

维生素 B2 主要来源于动物内脏、蛋、奶、绿叶蔬菜、豆类等。0～1 岁婴儿每日需要 0.4mg 维生素 B2，1～7 岁每日需要 0.6～1.0mg。

（4）维生素 C。维生素 C 可维持血管、肌肉、骨和牙的正常功能。婴儿维生素 C 缺乏易患坏血症。

维生素 C 主要来源于新鲜蔬菜、水果。0～1 岁婴儿每日需要量为 30mg，1～7 岁为 30～45mg。

（5）维生素 D。维生素 D 可促进钙、磷的吸收和骨干钙的沉淀。维生素 D 缺乏易引起佝偻病；过量则可出现厌食、嗜睡、呕吐、腹泻、血钙增高。

维生素 D 主要来源于动物肝脏、鱼肝油、蛋等，人体皮肤经紫外线照射后可合成维生素 D。婴儿每天需要 10μg 维生素 D。

（6）维生素 E。维生素 E 有抗氧化的作用，可保护细胞膜的稳定性，防止细胞老化和被破坏。维生素 E 缺乏的新生儿、早产儿可能会发生红细胞溶血性贫血。

维生素 E 主要来源于花生油、玉米油、绿色蔬菜、豆类、母乳中。新生儿尤其是早产儿对维生素 E 需求量大。0～1 岁婴儿每日需 3～4mg，1～3 岁婴儿每日需 4mg，4～6 岁儿童每日需 6mg。正常情况下，一般不会发生维生素 E 缺乏。

6. 水

水是人体营养物质新陈代谢的载体，是维持生命的必需物质，同时，具有调节体温的作用。脱水可造成婴儿代谢紊乱，水电解质平衡失调；摄食水分过多可稀释消化液，引起消化不良，甚至发生水中毒。

1岁以内婴儿每日每千克体重需水120~160mL，2~3岁时减少为100~140mL。

三、婴幼儿营养状况评价

1. 评价的内容

衡量婴幼儿营养状况，可以从身长、体重、血色素、神经及精神的发育等方面进行。

（1）体重。喂养得当，婴儿的体重就会增加，否则，就会不增甚至下降；生病时体重下降，恢复后又上升。

（2）身长。身长是指从头顶到足底（不是足尖）的长度。3岁以内的婴幼儿以仰卧位测量。

（3）血色素。这个阶段的婴幼儿容易缺铁，应建议雇主定期带婴幼儿到儿童保健所进行血色素检查评估。

（4）神经、精神的发育。婴幼儿是否健康，一个很重要的基础是婴幼儿的大脑发育是否正常。大脑的发育表现为神经、精神的发育。

婴幼儿神经、精神发育的简要评价，参考下表所示。

表　婴幼儿神经、精神发育的简要评价

年龄	评价标准
3个月	抬头稳
5个月	主动伸手抓物
8个月	能独坐稳
9~10个月	会以拇指、食指取物，会做再见的动作以及模仿成人动作（欢迎等）
12个月	有意识叫爸爸、妈妈

(续表)

年龄	评价标准
15个月	能独走
2岁	能重复短句

2. 评价的方法

身高和体重等生长指标反映了婴幼儿的营养状况，因此，可以在家里对婴幼儿进行定期连续的测量，这种方法简单易行，不仅可以更好地了解婴幼儿生长的水平和生长的速度是否正常，也可以及时提醒喂养婴幼儿的方法是否正确。

（1）测量时间。婴幼儿年龄越小，测量的间隔时间越短，测量次数至少应该是：出生后6个月每月1次，6个月至1岁每2个月1次，1岁以后每3个月1次，2岁以后每半年1次。病后恢复期可增加测量次数。

（2）评价方法

①直接对照：将测量值与相应的标准进行比较，看婴幼儿的生长是否正常。

②对比增加值：本次测量与上次测量数值的差为增加值，用婴幼儿生长发育指标参考中的标准值，作为对照判断婴幼儿的营养状况。

③作图监测：可将测得的数值画在图上，根据所绘曲线的升降情况以及与标准曲线的对比，全面了解婴幼儿的生长情况。

第三章 婴幼儿生活照料

第一节 婴幼儿喂养

一、母乳喂养

在人的生命过程中,婴儿时期的营养对一生的身体形态、智力发育、生存能力起着决定性的作用。因而,科学喂养十分重要。

母乳是婴儿最理想的天然食物,能满足出生后6个月内婴儿生长发育的营养需要,且易被消化和吸收。

1. 母乳的好处

(1) 母乳中的初乳是最富有营养的物质。初乳对新生儿机体免疫有增强作用,可预防新生儿感染。喂母乳的孩子在生后半年以内很少生病,就是接受了母乳中抗体的缘故。

(2) 母乳卫生、方便、经济,母乳中含有丰富的抗体、活性细胞和免疫活性物质,可增强婴儿抗感染能力,还能够增加母子间的各种接触,有益于婴儿身心健康。

(3) 在母乳喂养过程中,通过拥抱、抚摸、微笑和言语等与婴儿交流,能促进婴儿感觉器官(触觉、视觉、听觉)的发育,对婴儿的智力开发极为有益。在母亲温暖的怀抱中,婴儿可以得到母爱关怀的熏陶,使婴儿身心健康。

此外,母乳喂养还能促进婴儿面部和牙齿的正常发育,可预防龋齿。

2. 母乳喂养要点

(1) 早吸吮。正常分娩,母婴健康状况良好,母亲产后10~15分钟,即应将婴儿放在母亲的胸脯上,让婴儿吸吮母亲的乳头不少于30分钟。

(2) 按需要哺乳。母婴同室,按婴儿的需要和母亲的乳汁分泌情况给予哺乳,而不规定哺乳次数和间隔时间,以婴儿吃饱为度。

(3) 哺乳姿势和方法。最初,母亲可采取半卧位,最好是坐位,抱新生儿于斜坐位,让新生儿头肩枕在母亲哺乳侧的肘弯,用另一手食、中指夹乳晕两旁,手掌扶着乳房,使新生儿含住乳晕及乳头而能自由用鼻呼吸(图3-1)。婴儿稍大些时,母亲可坐在椅子上,喂哺时紧靠椅背促使背部和双肩放松,还可以在脚下垫上脚凳,使体位更加舒适、松弛,以利于排乳。

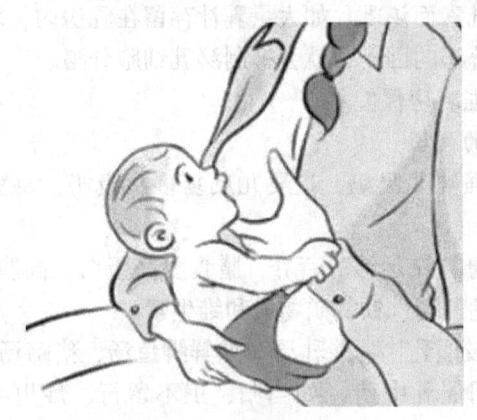

图3-1 哺乳姿势

每次喂奶15~20分钟,最多不超过30分钟。一般8~10分钟吸空一侧乳房,这时再换吸另一侧乳房,让两侧乳房每次喂奶时先后交替，这样可刺激产生更多的奶水，也可防止两侧乳房发育不对称。

哺乳完毕后用食指轻压婴儿下颌，将乳头轻轻拔出。

3. 母乳充足的指标

喂奶时婴儿有吞咽声，喂奶后婴儿能安静入睡，每天换尿布至少6次，大便2~4次，金黄色糊状便。正常足月婴儿生后第一个月体重增加1~1.5kg。

母乳不足时，喂奶时间常超过30分钟，且婴儿易哭闹，大小便次数少、量少，体重不增。

4. 影响乳量的因素

（1）乳母的营养状况：乳母饮食应含丰富的蛋白质、维生素、矿物质和充足的能量。

（2）乳母的精神状态：乳母要精神轻松、愉快。

（3）有力吸吮和排空乳房：婴儿有力吸吮乳头，刺激垂体前叶分泌催乳素而泌乳。如大量乳汁存留在乳房内，乳汁中有一种抑制乳汁分泌的因子，就会抑制泌乳细胞分泌。

（4）加强乳房保健。

5. 缺乳的处理

（1）加强婴儿吸奶，让婴儿反复多次吸奶，每次尽量把乳汁吸空。

（2）乳母补充足够的营养，膳食要高蛋白、高脂肪、高汤，补充所需的钙、磷、铁等矿物质和维生素。

（3）积极催乳：喝催乳汤（如鲜鲫鱼汤、猪蹄汤等），在医生指导下服用催乳中药（如当归、王不留行、炒川芎、穿山甲等）。

6. 挤奶

需解除乳腺管堵塞或乳汁淤积，婴儿拒绝吸吮（低体重儿、早产儿不能吸吮），婴儿母亲患病但仍需保持泌乳，母亲工作或外出离开婴儿时间较长时，往往需要育婴员帮助挤奶，具体方法如下。

育婴员把手洗干净，将盛奶容器靠近乳房，将拇指放在乳头及乳晕的上方，食指放在乳头及乳晕的下方与拇指相对（图3-2），用其他手指托住乳房，用拇指及食指向胸壁方向轻轻下压。一压一放，手指围绕乳头顺次做圆周转移，使乳房每一个乳窦的乳汁都被挤出。每次挤奶时间以20~30分钟为宜。也可用吸奶器排空，常用的有手吸式吸奶器和口吸式吸奶器。

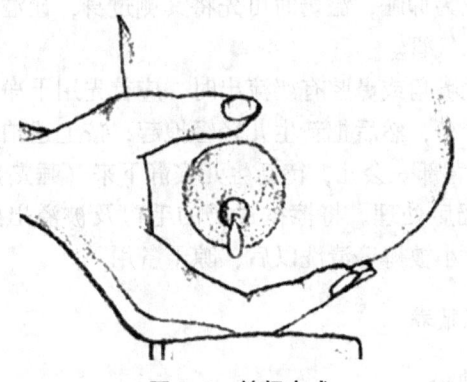

图3-2 挤奶方式

7. 注意培养婴儿良好的吃奶习惯

即养成规律、定时吃奶的习惯。婴儿3个月后，白天可隔4小时喂奶，晚间可隔8小时喂奶。一般情况下，尽可能让婴儿在早上6：00最初吃奶，夜间22：00最后吃奶，然后入睡，以保证母婴均得到充足的睡眠。

8. 溢奶处理

溢奶处理主要分为3个步骤：喂奶后护理（即新生儿吃完奶的处理）、溢奶时处理、溢奶后处理。

（1）喂奶后护理。主要是拍嗝，避免溢奶。

哺乳完以后应该把新生儿轻轻竖着抱起来，让新生儿头部靠在产妇的肩部，使产妇一手托着新生儿的臀部，一手呈空心状从腰部由下向上轻叩新生儿背部，使新生儿将吃奶时吞入胃内的气体排除，一般拍5~10分钟。

若无气体排出，可给新生儿换个姿势，但动作一定要轻，继续拍5~10分钟（具体情况因人而异），拍完后将新生儿放到床上，应以右侧卧位为宜。

（2）溢奶时处理。主要是及时清理口腔及鼻腔中溢出的奶。

如新生儿为仰睡，溢奶时可先将其侧过身，让溢出的奶流出来，以免呛入气管。

如新生儿嘴角或鼻腔有奶流出时，应首先用干净的毛巾把溢出的奶擦拭干净，然后把新生儿轻轻抱起，按上述拍嗝时的体位（竖抱）拍其背部一会儿，待新生儿安静下来（睡熟）再放下。

（3）溢奶后处理。将擦拭过奶的毛巾及被溢出的奶弄湿的新生儿衣服、小被褥等清洗以后，晾干备用。

二、人工喂养

1. 配制奶粉

配制奶粉时，一定要掌握正确的方法，防止2种偏差：一是配制的奶太浓，造成婴儿消化不良；二是配制的奶太稀，长期服用会导致营养不良。配制奶粉的方法有2种。

（1）按体积比例配制。

①按1∶4的比例，即1份全脂奶粉配4份水，1汤匙奶粉加4汤匙水。或按奶粉包装的说明书配制。

②注意配足婴儿每次的需用量。

（2）按重量比例配制。

①按1∶8的比例，即10g全脂奶粉可以加水80mL。或按产品说明书配制。

②注意配足婴儿每次的需用量。

2. 冲泡奶粉

（1）温开水冲泡奶粉。温开水冲泡奶粉的步骤如下。

①冲奶前将双手用肥皂洗净，确保卫生。

②按需用量往奶瓶里倒入温开水（煮沸过的热开水冷却至40℃左右）。不要用滚烫开水冲泡奶粉，以免结成凝块，引起婴儿消化不良。

③用汤匙舀起奶粉，舀起的奶粉需松松的，不可紧压。

④将汤匙内的奶粉刮平，对准奶瓶口倒入。

（2）套上奶嘴、摇晃均匀，并检查温度及流速。

①套上奶嘴，注意手不要碰到奶嘴，一定不要弄脏奶嘴。

②摇晃奶瓶，使奶粉完全溶化。

③将奶瓶倾斜，在手内侧滴几滴，确定适当的温度，感觉不烫即可。

④奶液滴落的速度，以不急不慢为宜。

3. 奶瓶喂奶

（1）喂奶前的准备工作。

①喂奶前要给婴儿换好尿布，把婴儿包裹舒适。

②用奶瓶给婴儿喂奶之前，须洗净双手。

③按照前面所述的方法正确配制和冲泡奶粉。

（2）喂奶的正确姿势。

①选择舒适坐姿坐稳，一只手把婴儿抱在怀中，让婴儿头肩部靠在产妇的肘弯里，产妇的手臂托住婴儿的上身，使婴儿整个身体呈45°倾斜（图3-3）。

②另一只手拿奶瓶，用奶嘴轻触婴儿口唇，婴儿即会张嘴含住吮吸。注意观察婴儿的吮吸速度。

（3）喂奶的注意事项。

①婴儿开始吮吸后要注意奶瓶的倾斜角度要适当，应使奶液

图 3-3 人工喂奶姿势

充满整个奶嘴,避免婴儿吸入过多空气。

②如果奶嘴被婴儿吸瘪,可以慢慢将奶嘴拿出来,让空气进入奶瓶,奶嘴即可恢复原样。也可以把奶嘴罩拧开,放进空气后再盖紧。

③注意婴儿吸吮的情况,如果吞咽过急,可能是奶嘴孔过大;如果吸了半天奶量也未见减少,就可能是奶嘴孔过小,婴儿吸奶很费力。应根据实际情况调整奶嘴孔的大小。

④不要把尚不会坐的婴儿放在床上,让他独自躺着用奶瓶喝奶而大人长时间离开,这样非常危险,婴儿可能会呛奶,甚至引起窒息。

⑤给婴儿喂完奶后,不能马上让婴儿躺下,应该先把婴儿抱起,然后轻拍婴儿后背(图 3-4),让其打饱嗝,排出胃里的空气,以免吐奶。

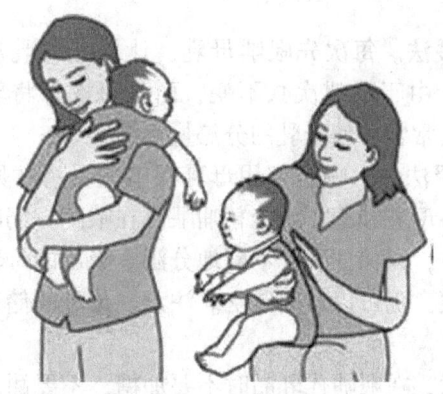

图 3-4 轻拍婴儿后背

三、混合喂养

混合喂养通常是在母乳不足的情况下采用的一种喂养方式，混合喂养可以补充婴儿的乳食摄取量，满足生长发育的营养需求。

1. 混合喂养概念

如果经过许多努力后母乳仍然不足时，就要考虑在继续母乳喂养的同时，适当增加一些代乳品，如牛奶、奶粉等，使婴儿吃饱，维持正常的生长发育，这种将母乳喂养和人工喂养结合起来的喂养方法称为混合喂养。

混合喂养虽然不如母乳喂养好，但在一定程度上能保证母亲的乳房按时受到婴儿吸吮的刺激，从而维持乳汁的正常分泌，婴儿每天能吃到 2~3 次母乳，对婴儿的健康仍然有很多好处。

2. 混合喂养的方法

混合喂养的方法有 2 种，2 种方法可根据具体情况选用，以补授法效果较佳，但不论采取哪种方法，每天让婴儿定时吸吮母乳是必不可少的，并且补授或代授的奶量及食物量一定要足，要注意卫生。

（1）补授法。每次先喂哺母乳，让婴儿将乳房吸空，然后再喂配方奶。由于喂哺次数不变，而且每次都将乳房吸空，因此，采用此法常常可使母乳的分泌量逐渐增多。

（2）代授法。一顿全部用母乳喂哺，另一顿则完全用配方奶，也就是将母乳和配方奶交替哺喂。在喂配方奶时，仍应将母乳挤出或吸空，以保证乳汁不断地分泌。吸出的母乳应放在清洁的容器中冷藏，仍可以给婴儿吃。注意，母乳的储存时间不宜超过8小时。

但要注意，在喂哺代乳品时不要加糖，不要甜。因为，吃惯了有甜味的代乳品，就会觉得母乳淡而无味。

四、饮水指导

1. 婴儿饮用水的要求

（1）健康婴儿对水的需요量。婴儿生长发育旺盛，对水的需求与成人相比要高得多，每天消耗水分占其体重的 10%~15%。0~1岁的婴儿每天的正常饮水量为 120~160mL/kg 体重；1~2岁的幼儿为 120~150mL/kg 体重；2~3岁的幼儿为 110~140mL/kg 体重。这个量值包括饮食中的水分。天气热和活动量大时，还可以适当增加饮水量。

（2）适宜婴儿的饮用水温度。适宜婴儿饮用的白开水的温度应为 35~45℃。天冷时喝温白开水，天热时喝凉白开水，但不能喝冰水。

2. 给婴儿喂水的方法

（1）模仿喂水法。对于1岁以内的婴儿，可以采取大人喝一口、婴儿喝一口的方法来提高婴儿喝水的兴趣。

（2）奖励喂水法。1岁半左右的幼儿，可以采取与其做游戏的方法，把喝水当作一种奖励。

(3) 观察喂水法。看一看，婴儿的舌苔厚、眼屎多应与缺水有关，应注意增加饮水量；闻一闻，婴儿的小便有异味，大便过干、过臭与缺水有关，应注意增加饮水量。让婴儿多运动，适当消耗体力之后再喂水。

(4) 随机喂水法。喂水要少而勤，不一定按"顿"喂，莫把"渴"当"饥"。"水少火旺"，如果吃得多、喝得少，会导致婴儿生病。

3. 给婴儿喂水的注意事项

(1) 不能等到婴儿口渴时再喂水，而要定时喂。婴儿是"水做的娃娃"，年龄越小，身体含水量越高。如果失水量达体重的10%以上就会危及生命。婴儿不会表示口渴，有时哭闹，实际上是口渴而不是饥饿。而当婴儿口渴要求饮水时，身体已经处于轻度脱水的状态。所以，应养成定时给婴儿喂水的好习惯。

(2) 婴儿的最佳喂水时间是早晨和午睡起床后，以便提供起床后运动的水分需要。

(3) 在活动过程中，婴儿会失去较多的水分，此时，一定要注意及时补充。

(4) 餐前半小时至1小时，要给婴儿喂适量的水，使消耗的水分及时得到补充。

(5) 夏季即使天气非常炎热，也不能给婴儿喂冰水。

(6) 要保持婴儿饮用水的卫生。如果家里用的是饮水机，一定要经常清洁污垢。给婴儿喂水的奶瓶或杯子一定要消毒。

4. 为婴儿自制果汁

(1) 选用水果的原则。要选用应季的蔬菜和水果，关键是要新鲜，不必花很多钱去买那些反季节蔬菜和进口水果。蔬菜、水果要洗净，对可能施过农药的水果应削皮后使用。

(2) 果汁的做法。果汁的做法多种多样，有条件的家庭可用电动果汁机、榨汁机制作；没条件的话，可用消毒纱布4层厚、蒸、煮消毒均可包裹水果后挤出果汁；如果是橘子、橙子、番茄等有皮多汁的水果或蔬菜，也可以去皮后一剖两半，直接在榨汁器上将果汁挤出。以下介绍几种常见果汁的做法。

①苹果汁：将半个苹果削去皮和核，用擦菜板擦出丝，用干净的纱布包住苹果丝挤出汁来，也可以用榨汁机制作。

苹果汁有熟制和生制 2 种，熟制即将苹果煮熟后过滤出汁。熟苹果汁适合胃肠道弱、消化不良的婴儿；生苹果汁适合消化功能好、大便正常的婴儿。

②草莓汁：将草莓 3~4 个洗净，切碎后放入小碗中，用勺碾碎，倒入过滤漏勺，用勺挤出汁，加一勺水拌匀。

注：用榨汁机制成的汁会有一层沫儿，用小勺舀去，再加水调和即可。

③猕猴桃汁：将熟透的猕猴桃剥皮后切半，然后切碎，放入小碗中，用勺碾碎，倒入过滤漏勺，用勺挤出汁，加一勺水拌匀。

注：要根据婴幼儿体质选择，避免有的婴幼儿吃了引起过敏。

④枣汁：将 10~20 枚干红枣泡入水中 1 小时（新鲜红枣洗净即可），捞出后放入碗内，然后将碗放入蒸锅内，上汽后再蒸 15~20 分钟即可。碗内红枣汁稍凉后倒入小杯中喂婴幼儿食用。

五、添加辅食

婴儿满 4 个月后，育婴员应有计划地为婴儿添加泥糊状食物，以满足婴儿对热能和各种营养素的需要。

1. 不同阶段婴幼儿辅食的特点

（1）喂食 4~6 月龄婴儿。

①首先添加的辅食是蛋黄：鸡蛋黄含有丰富的蛋白质、脂肪、钙、磷、铁、核黄素等营养成分，而且比较容易消化吸收。

从1/6个蛋黄开始，每周增加，渐至1/5个、1/4个、1/3个、1/2个、2/3个、1个，10~12月龄可食全鸡蛋1个。

②然后添加的辅食是果汁、菜汁、米糊等；逐渐添加水果泥、菜泥、鱼泥、猪肝泥、肉松等（图3-5）。要坚持用小勺喂食，训练婴儿咀嚼吞咽半固体食物的本领。

图3-5 婴儿辅食

蛋黄泥制作方法　将鸡蛋放入冷水中煮，水开后煮10分钟，冷却后取出蛋黄，可直接用少量水或米汤调成糊状。

米糊制作方法　大米或小米粉适量，用冷水将米粉调散，搅拌匀，在大火上煮开，然后用小火边煮边搅，10分钟左右即可做成，加入少量糖后喂食。

菜泥制作方法　新鲜蔬菜洗净后切碎，加水煮沸15分钟左右，将菜捣成泥状，用小匙喂。

土豆或胡萝卜泥　将土豆或胡萝卜洗净，切成小块后放入压力锅中煮沸约5分钟。取出后用小匙将土豆或萝卜压碎成泥状，加适量盐、香油、水，煮沸后即可食用。

鱼泥制作方法　取适量新鲜无刺的鱼肉，去皮、去骨、洗净，然后蒸熟，加入适量的植物油，捣成泥状，稍凉后喂婴儿吃。每隔3~5天喂1次即可。

肝泥制作方法　婴儿习惯鱼泥1~2周后，可以再加些肝泥。将新鲜猪肝剖开洗净，加入米粥或细挂面里煮熟，然后同米糊等一起盛出来，捣成泥状，稍凉后喂给婴儿吃。每周喂1次即可。

肉松　取适量的新鲜瘦猪肉，洗净后剁成细末儿，加盐和少许调料，蒸熟、炒干。每隔几天喂1次。

大骨头汤　取新鲜的猪腿骨，洗净、打碎，放入锅内加水熬煮1~2小时，然后放入少量盐，过滤后晾凉，除去表面油脂，喂给婴儿喝。

（2）喂食7~9月龄婴儿。婴儿乳牙已萌出，该时期是婴儿咀嚼和喂食学习敏感期。可及时添加饼干、面包片、馒头片等固体食物，以促进牙齿生长，并训练咀嚼能力。逐渐添加烂粥、烂面、碎菜、肉末、鱼泥、肝泥、全蛋等食品。

（3）喂食10~12月龄婴儿。以吃饭为主，喝奶为辅。每日的食物大约需要谷类100g、蔬菜或水果40g、鱼或肉30g、鸡蛋1个、豆腐或豆制品50g、植物油少许。

（4）喂食1~2岁幼儿。这一阶段幼儿在8颗上下切牙的基础上，已长出新的牙，慢慢学会咀嚼。可在上1月龄组添加辅食的基础上，研制以碎末为主的幼儿辅助食品，继而小块，混合制备，但不可喂食油炸食品。

（5）喂食2~3岁幼儿。2~3岁幼儿逐渐出全全部乳牙，咀嚼力强，喜食较同形食品，一日三餐的习惯已经基本养成。但仍需在上、下午各增食小点心或小食品1次，量宜小，味宜清淡，所供热量均不宜超过全日的5%。

2. 添加辅食的注意事项

（1）循序渐进。辅食的添加要从少到多，从稀到稠，从细到粗，从软到硬，从泥到碎，逐步适应婴儿消化、吞咽、咀嚼能力的发育，按照月龄大小和实际需要来添加。

（2）购买食品。要注意出厂日期、保质期、保存条件和生产批号，尤其应注意是否符合孩子的年龄阶段。

（3）少量多餐，一种种添加。添加一种辅食后，要观察几天，如不适应，就暂时停止，过几天再试。如果宝宝拒绝吃，也不要勉强，等几天再吃，但不要失去信心，让宝宝慢慢适应。

（4）夏季不添加辅食。夏季宝宝食量减少，消化不良，添加辅食如果宝宝不吃，就等到天气凉爽些再添加。

（5）患病不添加辅食。添加辅食要在婴儿身体健康，心情愉快的时候进行。当宝宝患有疾病时，不要添加从来没有吃过的辅食。

（6）出现不良反应要暂停辅食。在添加辅食的过程中，如果婴儿出现了腹泻、呕吐、厌食等情况，应暂时停止辅食的添加。等到宝宝消化功能恢复，再重新开始，但数量和种类都要比原来减少，然后逐渐增加。

（7）更换保姆时不添加辅食。等到宝宝适应新换保姆时，再添加。

（8）不要强求宝宝。当有的婴儿不喜欢吃某种事物时，父母不要强求，没有非吃不可的食物。而且宝宝不吃某种食物也是暂时的，要尊重宝宝的个性，培养宝宝不偏食的饮食习惯。

（9）灵活掌握。添加辅食不能照本宣科，而要根据具体情况，及时调整辅食的数量和品种，这也是添加辅食时最值得父母注意的一点。

第二节 婴幼儿睡眠、两便、三浴

一、婴幼儿睡眠

1. 睡眠的重要性

睡眠是人体的生理需求，是恢复人体精神和体力的必要条件。睡眠时,身体处于低代谢、低氧耗的抑制状态,能量消耗降低,使全身组织器官,尤其是大脑得到休息,有利于大脑的发育,促进智力发展。

2. 婴幼儿睡眠模式特点

（1）睡眠状态。有熟睡和浅睡 2 种状态,不断循环。1 岁之内,每一循环维持 40~45 分钟,在 2 次循环之间,会有短暂的清醒状态,因此,婴幼儿半夜醒来是意料中的事。同时浅睡状态时,会出现一些面部表情或肢体运动,如微笑、皱眉、噘嘴作怪相,四肢伸展,发出哼哼声,呼吸快慢不均匀,容易被周围的声音惊动,这都是一种正常现象。

（2）睡眠规律。婴幼儿期睡眠时间规律,见下表所示。

表 婴幼儿期睡眠时间规律

年龄	全日睡眠时间（小时）	日间小睡（次）	睡眠特点
0~3 个月	15	3~4	正在适应母体外的生活环境；无明显昼夜规律；每次睡眠时间较短,2~3 小时
3~6 个月	14~15	2~3	睡眠逐渐规律；睡眠时间逐渐集中在晚上,约占全日睡眠时间的 2/3；每次睡眠的时间与白天清醒的时间段延长
6~12 个月	13~14	2	约 60% 的婴幼儿晚上可连续睡 6 小时以上；每次日间小睡之间有 3~4 小时清醒；9 个月之后懂得自己的意愿选择睡与不睡；10 个月后晚上基本上能够一觉睡到天亮
1 岁以后	11~13	1	1 岁半以后白天只需小睡 1 次；晚上能够连续睡 10 小时

（3）睡眠的个体特点。每个婴幼儿由于自身身体状况、家庭环境的不同,睡眠规律及睡眠时间也可不一样,有的睡得多一些,有的睡得少一些,无须与别人比较,只要宝宝健康成长

便可。

（4）婴幼儿睡眠充足的表现。

①清晨自动醒来，精神状态良好。

②精力充沛，活泼好动，食欲正常。

③体重、身高能够按正常的生长速率增长。

3. 培养建立良好的睡眠习惯

（1）建立睡眠常规。注意培养婴儿的作息规律，定时休息，按时上床，按时起床，在2~3个月大时，即可尝试帮助建立良好的睡眠规律，让婴儿习惯每完成一些固定的活动，如洗脸、洗澡等后便是睡眠时间，然后自行入睡。

（2）自行入睡。帮助婴儿自行入睡对建立良好的睡眠习惯是很重要的，其方法是在婴儿开始有睡意之前把他（她）放在婴儿床上，让他（她）自己渐渐进入梦乡。如婴儿在吃奶中睡着了，应停止喂哺，抱回婴儿床上，不用故意弄醒，下次把喂奶时间稍提早，减少在吃奶中入睡的机会。

（3）帮助分辨昼夜。

①卧室光线调整：日间可用窗帘遮挡使室内光线调暗，夜间可亮一盏小台灯，消除醒来时的恐惧。

②日夜活动有所分别：白天清醒时，多与婴儿玩耍、说话，以免因无聊在白天多睡。当婴儿眼皮下垂，头或面部在大人身上擦动或打哈欠时，说明他（她）累了，要让其休息，但尽量避免小睡超过4个小时。夜间的活动节奏应放缓慢，避免过度兴奋。

（4）舒适的环境。

①卧室温度适中，室温在18~26℃，也可将手掌放到婴儿颈背部位，如感到温暖而没有汗湿，便是婴儿感到舒服的适宜温度。

②卧室一般要求开窗通风，保持空气流通。

③适量的衣着和被褥，可用柔软的婴儿被包裹或睡袋，但不要包得太紧。

4. 睡眠不安的预防

睡眠不安在婴幼儿期主要表现为入睡困难。

（1）睡眠不安的原因。不良的睡眠习惯、睡眠环境及哺养方式是睡眠不安的主要原因，在出生后 2~6 个月没能建立好昼夜睡眠周期，在睡眠、觉醒交替过程中不能形成"自慰"的能力，会表现出睡眠不安。

（2）睡眠不安的预防。

①建立良好的睡眠习惯和睡眠周期。

②睡前不作安抚，如吸吮、吃奶、摇晃、轻拍、步行等进行干扰；独自睡不陪伴；夜间醒来，多作观察，不作过多的干扰。

③睡前排尿。

④不要吃得过饱或太少，一般 6~8 个月后夜间睡眠无须进食。

⑤睡眠姿势可随婴幼儿自由选择，以不使肢体、肠部受压时间过长，无不舒适感觉为佳。

⑥及时发现疾病，如发热、鼻塞等，及时治疗。

二、婴幼儿大小便

1. 婴儿大小便的规律

（1）婴儿一般在吃奶、喝水之后 15 分钟左右就可能排尿，然后隔 10 分钟左右可能又会排尿。育婴员应掌握这一规律，有意识地给婴儿把尿。

（2）吃母乳的婴儿 1 天可能大便 3~5 次，喝牛奶的婴儿 1 天大便 1 次居多，有的可能 2 天大便 1 次，容易便秘。

（3）婴儿大便前一般会有些表现，如发呆、愣神、使劲等，这时应及时发现并抱起，帮助其顺畅排便。

(4) 3~6个月的婴儿，有的大小便已很有规律，特别是每次大便前会有比较明显的反应。夏季炎热时可以不给婴儿裹尿布，以防皮肤湿疹。

(5) 6个月以上的婴儿每天基本上能够按时大便，形成一定的规律，定时把大便成功的概率比较大。但这一时期的婴儿还不能自己有意识地控制大小便，只是条件反射性地排便排尿，这就要求育婴员要多观察婴儿的反应。例如，有的婴儿排大便前脸部会有表情，自己会"嗯嗯"地示意。

2. 大小便后的清洁处理

一旦发现婴儿大小便，要及时更换尿布，否则，容易导致婴儿患尿布疹等病症。每次大便后要及时清洁婴儿臀部，让婴儿皮肤时刻保持清爽。

(1) 女婴的清洁。

步骤1：解开纸尿裤，擦去肛门周围残余的粪便，用湿巾纸或洁净的温湿毛巾擦洗小肚子各处，直至脐部。

步骤2：用一块干净的湿巾擦洗婴儿大腿根部所有皮肤褶皱，由上向下、由内向外擦。

步骤3：抬起婴儿的双腿，并把一只手指置于女婴双踝之间。接下来清洁其外阴部，注意由前往后擦洗，防止肛门处的细菌进入阴道和尿道。用干净的湿巾纸清洁肛门，然后清洁屁股及大腿，向里洗至肛门处。

步骤4：擦干双手，用纸巾抹干婴儿的屁股。如果患有红臀，可以先让婴儿光着屁股玩一会儿，使屁股干透，并在外阴部四周、阴唇及肛门、臀部等处擦上护臀膏。

(2) 男婴的清洁。

步骤1：让婴儿平躺在床上，解开纸尿裤，男婴常常在此时开始撒尿，因此，解开纸尿裤后仍将尿布的前半片停留在阴茎处几秒钟，等他尿完。利用纸尿裤的吸水性，兜住尿液，以免弄湿和污染床垫。

步骤2：育婴员站在婴儿身体的右侧，先用左手抓住婴儿的两只脚踝向上拉起，一只手指置于其两踝之间，以免因两腿挤压得过紧造成婴儿疼痛不适。再用右手翻开纸尿裤，用相对洁净的纸尿裤内面擦去肛门周围残余的粪便，将纸尿裤前后两片折叠，暂时垫在屁股下面。然后，放下婴儿的两脚，用专门的湿巾纸或洁净的温湿毛巾擦洗屁股。

步骤3：先擦洗肚皮，直到脐部。再清洁大腿根部和外生殖器的皮肤褶皱，由里往外顺着擦拭。用干净的湿巾清洁睾丸及阴茎下面。

给婴儿清洁阴茎时，要顺着离开其身体的方向擦拭，不要把包皮往上推。在男婴半岁前都不必刻意清洗包皮，因为，4岁左右包皮才和阴茎完全长在一起，过早地翻动柔嫩的包皮会伤害其生殖器。当清洁睾丸下面时，用手指轻轻将睾丸往上托住。洗完前部，再举起婴儿的双腿，清洁肛门及屁股后部。

步骤4：育婴员擦干双手，用纸巾抹干婴儿的屁股。如果患有红臀，可以先让他光着屁股玩一会儿，使屁股干透，并在肛门周围、臀部涂抹一些护臀膏。

3. 婴儿尿布的使用与更换

婴儿尿布种类很多，就材质而言，可分为布尿布（习惯称尿布）和纸尿裤2种。

（1）使用尿布时应注意的问题。

①使用布尿布时应注意的问题：不应在尿布外再垫上一层塑料布或橡皮布。因为塑料布或橡皮布不透气、不吸水，尿液渗不出去，会使婴儿臀部的小环境潮湿、温度升高，引发尿布疹和真菌感染。但是，可以在夜间用棉花、棉布做成厚的尿布垫垫在尿布外面，但不宜间隔过长时间更换。

到了夏季，气候炎热，空气湿度大，给婴儿换尿布时不要直

第三章 婴幼儿生活照料

接用刚刚暴晒过的尿布,而要等尿布凉透后再用。从防止发生尿布疹的目的出发,在夏季应该增加婴儿"光屁股"的时间。

气候寒冷的冬季,在给婴儿换尿布时要先用热水袋或通过其他方式将尿布烘暖,手也要保证温暖,避免婴儿有不舒服的感觉。

②使用纸尿裤时应注意的问题:换纸尿裤要及时。婴儿的尿中常溶解着一些身体内代谢产物的废物,如尿酸、尿素等。尿液一般呈弱酸性,会形成刺激性很强的化合物。吃母乳的婴儿大便呈弱酸性、稍稀些,喝牛奶的婴儿大便呈弱碱性、稍干些。无论是干便、稀便,或者是酸性、碱性物质,对婴儿的皮肤都具有刺激性。如果不及时更换纸尿裤,娇嫩的皮肤就会充血,轻者皮肤发红或出现尿布疹,严重的还可能腐烂、溃疡、脱皮。

纸尿裤的接头要粘牢。为婴儿更换纸尿裤时,一定要使接头粘住纸尿裤。如果使用了婴儿护理产品,如油、粉或沐浴露等,则更要注意。这些东西可能会触及接头,使其附着力降低。固定纸尿裤时,还要保证你的手指干燥和清洁。

(2)使用尿布的方法。尿布的垫法多种多样。尿布有长形和正方形2种,最近普遍采用正方形的。正方形尿布的边长为70~80cm,因折成三角形使用,因此,又称为三角尿布。长方形尿布一般宽3~5cm,长100~120cm,对折成细长条,做成圈形使用。

婴儿的腿伸开时,总是自然形成M形的姿势,垫尿布时,不要强拉固定,以免引起股关节脱臼。

垫尿布时,尽量松松地垫上,只垫上胯股部分就可以了。如果用尿布、尿布罩和衣服等将婴儿的下半身勒得太紧,不仅会妨碍婴儿的腿部运动,也会妨碍婴儿腹式呼吸。绝对不能用早年常见到的那种,从腰到脚层层缠绕的方法。

(3)使用纸尿裤的方法。就使用纸尿裤的那部分皮肤而言,健康的皮肤应当是干爽的。湿皮肤很快就会变得脆弱，易发生尿布疹。为最大限度地减少纸尿裤造成的湿润，应经常更换纸尿裤，并使用吸收力特强的纸尿裤。

婴儿皮肤上适当涂些凡士林油、氧化锌软膏，也有助于保护皮肤不受潮湿的影响。婴儿粉也许会使婴儿的皮肤摸起来很舒服，但并非最适合婴儿。婴儿粉可以在短时间里减少纸尿裤与孩子皮肤之间的摩擦，但是，一旦被尿湿即失去效用。而且，如果婴儿不慎吸入大量的粉，这将是很危险的。

（4）换尿布的方法。

①换布尿布的方法：婴儿大小便后为其换尿布时，应先用尿布上干净的部分擦屁股，且要从前往后擦，再用脱脂棉或纱布浸泡在热水里，拧干后将屁股擦干净。后一个步骤的主要目的是防止皮肤发炎，所以，尽管麻烦些还是给轻轻地擦一擦为好。

②换纸尿裤的方法：对于新生儿，换纸尿裤的频率较高，约每天10次。随着孩子的不断成长，纸尿裤的更换次数会逐渐减少，约每天6次。

更换纸尿裤的步骤为：准备好一条干净的纸尿裤、一包湿纸巾、一条婴儿隔尿床垫、一条软毛巾、一小盆温水、尿疹膏或凡士林油。一定要在开始之前将一切都准备就绪，千万不要将婴儿独自留在床上。然后根据纸尿布的更换说明进行（图3-6）。

三、婴幼儿的水浴、日光浴和空气浴

科学、合理、及时地利用阳光、空气和水这3个最佳自然条件，对婴儿进行体格锻炼，对增强婴儿体质、改善中枢神经系统功能、提高婴儿对疾病的防御能力都有良好的功效。

1. 日光浴

日光浴是每个婴儿成长中必须进行的一项活动，因为通过日

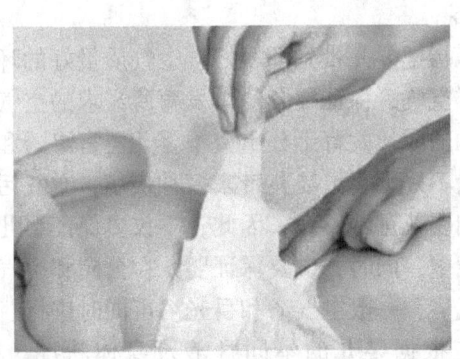

图 3-6　换纸尿布

光浴可以促进婴儿对钙、磷的吸收,促进骨骼正常钙化,增强体质。日光浴是避免婴儿缺钙的一种最有效的方法。根据四季节气,时间一般在 9:00—11:00 和 16:00—17:00 为宜。

(1) 日光浴的地点。新生儿可在室内阳台上晒太阳,注意不要隔着玻璃晒太阳。婴儿满月以后,就可以到户外晒太阳了。这时可选择到一些绿化较好、空气清新的公园晒太阳。公园环境较好,空气质量也高,对婴儿身体健康也有好处。育婴员不应带婴儿到马路边或人多嘈杂的地方晒太阳,空气污浊对婴儿健康不利。

(2) 日光浴注意事项。在给婴儿晒太阳过程中,要适时为婴儿增减衣物,最开始晒太阳可以着与平时一样多的衣物,根据晒太阳后婴儿身体发热情况,及时调整婴儿所穿衣物,保证婴儿在外温变化的情况下感觉舒适。夏季一定不要让太阳直晒婴儿,要在树阴下进行日光浴;冬天可选择阳台或室外避风、温暖处为日光浴场所,主要是晒婴儿的手、脚以及背部,要避免阳光直射婴儿的脸部及眼睛;日光浴之后育婴员应及时给婴儿补充水分,同时,应该及时给婴儿洗脸并涂上润肤露,避免婴儿皮肤过于干燥而出现皮肤问题;婴儿晒太阳时不宜空腹。

2. 空气浴

空气浴是指把婴儿带到环境好、空气质量好的环境中,让婴儿呼吸到新鲜空气,保证婴儿身体发育所需求的空气能量。空气质量好对婴儿的成长发育十分重要,婴儿器官渗透和吸附能力较强,空气质量不好则会给婴儿带来多种疾病,空气污染严重的地方会直接影响婴儿正常发育,因此,不仅要保证婴儿生活在空气质量好的环境中,同时,也要保证婴儿在公园和空气质量好的环境中进行空气浴,一般空气浴和日光浴可同时进行。

空气浴应根据婴儿的不同月龄及身体状况,在气温达到25℃以上时进行,可从夏季开始,使婴儿对温差的适应有一个过程。进行空气浴从裸露四肢开始做起,应先室内,后室外。冬季空气浴可在室内进行,预先做好通风换气,使室内空气新鲜,利用开关窗来调节室温。

空气浴可通过外部气温和婴儿皮肤表面温度之间的差异形成一种刺激,使皮肤的血液循环加快,新陈代谢旺盛,提高婴儿对环境变化的适应能力,预防婴儿感冒和发生呼吸道疾病。

3. 水浴

水浴通过水温和水的机械作用对身体进行刺激。婴儿皮肤细嫩,对外温度特别敏感。在环境条件允许的情况下,可给婴儿进行水浴(洗脸、洗脚、擦身、淋浴或冲洗),这样不仅可以预防呼吸道感染,还可以增强皮肤对寒冷环境的适应能力。

婴儿适合进行温水浴,室温24℃以上,水温35~38℃,在水中的时间为5~10分钟。游泳是水浴的一种好方式,适宜于所有的婴儿(对新生儿要注意做好脐部防水保护)。夏季因为天气炎热,婴儿喜欢水浴并愿意长时间待在水里,对此,育婴员一定要做到水浴一天只限1次,每次时间不能超过10分钟,以免婴儿因为接触水时间过长而引起湿疹。

第三节　卫生清洁

一、居室卫生

1. 保持婴儿居室空气良好

婴儿居室不论春夏秋冬，每天应定时开窗通风，保持空气清新，室内禁止吸烟。婴儿未出满月时，应尽量避免众多亲朋好友的来访探视，避免室内空气污染和细菌侵入。家人外出归来，应清洗双手并更换外衣后再接触婴儿。夏季，婴儿的居室要凉爽通风，但要避免直吹"过堂风"。

居室内可养一些吊兰、仙人掌等植物，对净化室内空气有益。家中最好不要养猫、狗、鸟等动物。如果已经养宠物，应注意不要让猫、狗、鸟类等动物进入婴儿的房间。

装修后的新居须充分通风、彻底干燥（通常需要3个月左右）后才能让婴儿入住。

2. 婴儿居室定期进行清扫

婴儿居室应及时、定期打扫卫生，清理卫生死角，不给病菌以滋生之地。家具要经常用干净的湿布擦拭；扫地时避免尘土飞扬，最好用半干半湿的拖把拖地，防止灰尘对空气的污染。婴儿的床上用品应2~3天替换清洗1次，并在太阳下晾晒。

3. 婴儿居室的适宜温度和湿度

婴儿房间的温度以18~22℃为宜，湿度应保持在50%左右。冬季，可以借助空调、取暖器等设备来维持房间内的温暖。为保证房间内空气新鲜和湿度适宜，要注意定时开窗通风换气，可在室内挂湿毛巾、使用加湿器等。盛夏时期，如果没有空调，可在室内放盆凉水，或时常往地上洒些凉水，以降低室温。

4. 婴儿居室的布置

（1）婴儿化（图3-7）。有些有孩子的家庭，居室的布置依然跟没孩子时的布置一样，四壁光秃秃的，没有一幅图画。这样，孩子的视觉得不到良好的刺激，色感、立体感、方位感等方面的发育会相对滞后。正确的做法是在婴儿的居室及活动场所，悬挂一些颜色鲜艳、立体感强的、生动活泼的卡通画，但不要太多，3~5幅即可。

图3-7　婴儿房间

（2）婴儿居室的布置要经常变换。有人给婴儿看一幅图片，第一次注视图片的时间是10秒，1小时内给婴儿再看同一幅图片时，注视图片的时间缩短了5秒。由此可见，婴儿居室的布置要经常变换，使婴儿天天有新鲜感。变换的频率大概是1周1次，变换的东西包括所挂的图画、家具的摆设、玩具等。

（3）营造适宜婴儿吃奶、玩耍、睡觉的环境。婴儿吃奶时周围的环境要尽量单调、安静，避免给孩子不良的刺激。婴儿睡觉时也要安静，但不是绝对安静，允许周围有细小的声音，如脚步声、轻轻的谈话声、轻柔的音乐。这样有利于婴儿养成良好的睡眠习惯。

另外，婴儿吃奶、睡觉的环境应该相对固定，尽量减少变换。这样有利于婴儿形成良好的条件反射，更易于其习惯的养成。婴儿活动的环境当然要尽量生动活泼、声色俱全，要经常变换。总之，不同的活动场所，应有与之相适应的环境，并做到因地制宜。

5. 光线

婴儿居室尽量选择朝南向阳、光线充足的房间。婴儿床的四周要留出足够的余地，以免大人做家务时影响婴儿或发生隐患。特别要注意以下事项。

（1）婴儿床要避免阳光直射，强烈的太阳光会刺激婴儿的眼睛。

（2）婴儿床的放置不仅要方便日常看护，还要便于母子经常性的目光交流。

6. 婴儿居室及周围须保持安静，避免嘈杂喧闹

因为婴儿的耳鼓膜十分脆弱，持续的噪声会影响婴儿的听力，严重时，还会影响婴儿的智力发育和情绪发展。当婴儿醒来时，可用轻柔的音乐，安定其情绪，增强其大脑活动，协调其肢体动作，控制其情绪变化。

二、四具清洁

应定期对婴儿卧具、餐具、玩具、家具进行消毒。

1. 卧具的清洁和消毒方法

根据四季节气做到被褥勤洗勤换，尤其是夏季更要注意婴儿卧具用品的卫生，要做到及时更换清洗。每天用清洁的湿布擦婴儿床。

2. 餐具的清洁和消毒方法

婴儿使用的餐具一般用流动的自来水洗净，放入蒸锅中蒸10～30分钟，或放入水中煮沸15～20分钟，取出后单独存放在

专供婴儿使用的已消毒的器具内，切记不要和大人的餐具混放。

3. 玩具的清洗和消毒方法

婴儿的大部分活动时间是与玩具结伴度过的，玩具可以促进儿童动作、语言、观察力、想象力的发展，但玩具又是传播细菌和病毒的重要媒介。因此，育婴员必须经常清洗婴儿的玩具。

玩具的制造原料一般有塑料、金属、木材、布料等。清洗、消毒玩具时对耐热、耐湿、不易褪色的金属、木制玩具可用温水加适量肥皂粉浸泡，清洗干净，然后在阳光下晒干。对不耐热、耐湿的橡胶、塑料玩具，可先用温水加肥皂粉溶液擦洗、冲净，再放在通风处晾干。对不耐湿的棉毛制品和易生锈制品，可以在阳光下暴晒3~5个小时，然后拍净尘土，或抹去霉变锈迹。

4. 家具的清洁和消毒方法

定期对家具清洁和消毒是十分重要的，尤其是婴儿会走以后，活动范围扩大，每天清理室内卫生时，对于婴儿所能触及到的家具较低部位更要做好清洁和消毒。可以用干净的湿布擦拭灰尘，使用经国家有关部门检验合格的家具消毒剂进行消毒。

三、洗头洗澡

1. 给婴儿洗头

（1）为婴儿选择合适的洗发水。给婴儿洗头一定要使用正规品牌的婴儿专用洗发水，不能刺激婴儿的皮肤和眼睛。

（2）正确选择给婴儿洗头的时机。育婴员可根据婴儿的实际情况，选择一个他心情、精神状态相对俱佳的时间为他洗头。

（3）给婴儿洗头的姿势。给婴儿洗头时，育婴员用手托住婴儿的头，呈面对面状态，并用手的拇指和中指向前压住婴儿的耳屏，堵住耳朵，以防进水，用另一只手进行冲洗（图3-8）。待婴儿1岁半以后，就可以开始训练婴儿站立洗头了。

（4）给婴儿洗头的水温。给婴儿洗头的水温一定要合适，

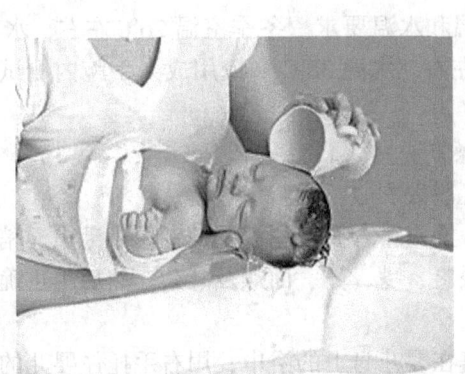

图 3-8　给婴儿洗头

一般控制在 37~38℃ 为宜。育婴员可使用水温计测定水温，也可以用手腕内侧的皮肤进行测量，以不烫手为宜。

（5）给婴儿洗头的步骤。先用蘸水的毛巾或手掌，轻轻地将婴儿的头发浸湿，然后取少量（1 滴）洗发水，用右手掌为婴儿涂抹均匀，接着用清水将洗发泡沫冲洗干净，最后用毛巾将婴儿头发上的水吸干，切忌用力擦拭。

2. 给婴儿洗澡

经常给婴儿洗澡，有利于促进婴儿血液循环，帮助皮肤呼吸，还可以通过水的压力、温度等来锻炼身体，促进婴儿的生长发育。

（1）需准备的物品。婴儿洗澡盆、绷带、大浴巾、小毛巾、婴儿专用沐浴液、洗发水、室温表和水温表等。

（2）适宜洗澡的时间与频率。给婴儿洗澡最好选择阳光明媚的上午 10：00 到下午 14：00，且最好在喂奶 1 小时之前进行。洗澡时间以 5~10 分钟为宜，以免感冒。夏季可每天洗，冬季每周洗 2~3 次，沐浴液不需要每次都使用，有时过过清水就可以了。

（3）室温和水温要求。冬季室温26℃左右，水温40℃；夏季室温24℃左右，水温38℃（或用成人手腕内侧试水，不凉也不热即可）。

（4）洗澡方法。

①给婴儿脱去衣服，用浴巾包裹。

②洗脸、洗头：育婴员用浸湿的专用小毛巾，稍稍拧干，轻轻给婴儿擦眼睑、嘴、鼻、面颊及耳朵。然后用正确的方法为婴儿洗头。

③解开裹在婴儿身上的浴巾，用右手托住婴儿的颈部，左手拖住婴儿的臀部，将婴儿轻轻放入浴盆中的绷带上，婴儿一定要平稳地躺在绷带中间，臀部放在绷带的三角中心。

④右手托住婴儿头背部让婴儿呈坐起状，用左手扶住婴儿右侧腋下，让婴儿向前倾斜，清洗婴儿背部和颈后部。

⑤让婴儿躺在绷带上，右手托住婴儿颈部，保证婴儿安全和身体平衡，用左手清洗婴儿颈部、腋下、肘窝、大腿等皮肤褶皱处和手心、指缝、趾缝。

⑥右手托住婴儿的头颈部，左手托住婴儿臀部离盆，用浴巾包好擦干。

（5）浴后护理。洗澡后用消毒棉签擦干婴儿鼻孔和耳内的水分，脐部用75%酒精消毒，夏季可扑爽身粉，然后进行抚触按摩。

四、敏感部位的清洁

婴儿的个人卫生至关重要。皮肤不仅保护身体不受病菌入侵，还有调节体温、感受刺激、排泄废物等作用。清洁是保护皮肤正常功能的重要措施。要通过经常为婴儿清洁个人卫生，逐步培养其良好的生活习惯。

1. 脐部的清洁护理

婴儿脐带在结扎后会形成一层天然创面，也是细菌的滋养地。如果平时不注意消毒就很容易感染。所以，清洁护理脐部非常重要，其清洁要点如下。

（1）尽快干燥。婴儿出生 24 小时后，打开包扎脐部的纱布。以后不再包扎，以促使残端干燥和脱落。

（2）每天消毒。

①准备好消毒棉签、75%酒精或者 2%安尔碘溶液。

②处理残端前先洗净双手，之后左手捏起脐带残端，轻轻提起，右手用消毒棉签蘸 75%酒精后，围绕脐带根部进行擦拭消毒，将分泌物及血迹全部擦掉，擦净为止。

③每天早晚都要消毒 1 次，时刻保持局部清洁、干燥。

（3）注意尿布的包法。

①在给婴儿换湿尿布时，一定要非常小心，注意防止尿液过多蔓延至脐部发生污染。尤其是给男孩换尿布时，应先将生殖器朝下放好，避免朝上尿湿尿布污染到脐部而发生感染。

②在婴儿脐部创面结痂脱落前，注意千万不要让肚脐沾水。如果发现脐根部有脓性分泌物，而且脐周发红，说明有脐炎发生，应立即去医院就诊。

2. 囟门的清洁护理

囟门是新生婴儿脑颅的"窗户"。脑组织软需要骨性的脑颅保护，但对于密闭的脑颅来说，囟门就是上面的一个开放空隙，很容易受到外界不利因素的侵害，所以囟门的日常清洁护理非常重要。囟门的清洁护理包括日常护理和清洁两个方面。

（1）日常护理。

①不要给婴儿使用材质太硬的枕头，如绿豆枕、蚕枕，否则很容易引起婴儿头部变形。

②不要让婴儿固定一个睡姿，想要婴儿的头形完美，就要经常为他翻翻身，改变一下睡姿。婴儿喜欢光线，如果他习惯侧向某一边睡，可以在另一侧用光吸引他。

③注意家中家具，避免尖锐硬角弄伤婴儿的头部。

④如果婴儿不慎擦破了头皮，应立即用酒精棉球消毒，以防止感染。

⑤冬天外出应给婴儿戴较厚的帽子，在保护囟门的同时，也减少了热量的散失。

（2）清洁。

①囟门的清洗可在洗澡时进行，可用婴儿专用洗发液而不宜用强碱肥皂，以免刺激头皮，诱发湿疹或加重湿疹。

②清洗时手指应平放在囟门处轻轻地揉洗，不应强力按压或强力搔抓，更不能以硬物在囟门处刮划。

③如果囟门处有污垢不易洗掉，可以先用麻油或精制油蒸熟后润湿浸透2~3小时，待这些污垢变软后再用无菌棉球按照头发的生长方向擦掉，并在洗净后扑上婴儿粉。

3. 乳痂的清洁护理

新生儿头皮的皮脂腺分泌很旺盛，如果不及时清洗，这些分泌物就会和婴儿头皮上的脏物积聚在一起，时间长了会形成厚厚的一层乳痂，看上去脏脏的，令人非常不舒服。乳痂可用以下方法清理掉。

（1）植物油梳理。为保证植物油的清洁，一般要先将植物油加热消毒，放凉后备用。另外，一些以植物油成分为主的婴儿油或婴儿润肤露也是帮助宝宝清洗乳痂的不错选择。

将冷却的清洁植物油涂在头皮乳痂表面，不要将油立即洗掉，需滞留数小时，待头皮乳痂变软脱落。比较薄的头皮乳痂会自然脱落，比较厚的头皮乳痂则需多涂些植物油，多等一些时间。若头皮乳痂松软但没有脱落时，用小梳子慢慢地、轻轻地梳一梳，厚的头皮乳痂就会脱落，然后再用婴儿皂和温水洗净头部的油污。

（2）去痂护理。清洗时，要注意动作轻柔，不要用指甲硬

第三章 婴幼儿生活照料

抠,更不要用梳子去刮,以免损伤头皮而引起感染。

婴儿囟门处也必须清洗,但动作要轻柔,以免给婴儿带来伤害。

4. 屁股的清洁护理

新生儿的皮肤非常稚嫩,稍有不慎,白净而稚嫩的疫肤就会出现问题,尤其是屁股,更易遭受损伤,稍有疏忽便又红又肿,使婴儿哭闹不休,影响吃奶和睡觉。因此,一定要精心呵护,并且护理要得当。

婴儿屁股的日常护理方法如下。

(1) 浴盆、毛巾、爽身粉、护臀霜、干净尿布或尿裤等物品都需准备齐全。

(2) 婴儿哭时马上观察,是否已浸湿尿布或排便等。

(3) 如果婴儿尿湿,要把尿布取下,换上干净的尿布或尿裤。

(4) 如果婴儿大便了,每次都应用温水将屁股清洗干净,然后用柔软毛巾把水沾干,切不可用毛巾来回擦。

(5) 屁股不红时,可涂上薄薄一层婴儿爽身粉。

(6) 若屁股发红,则应在屁股及肛门周围涂上护臀霜,再为婴儿换上柔软的尿布或尿裤。

第四节 穿脱衣服

一、给各年龄段婴儿穿脱衣服的方法

给(训练)婴儿穿脱衣服要根据不同月龄的特点进行,按照从上到下、从里到外的顺序操作。

新生儿的衣服必须宽松,前面开口。先将衣服平放在床上,让新生儿平躺在衣服上,将他的一只胳膊轻轻地抬起来,伸入袖

子中，把衣服褶皱的地方拉平，然后抬起另一只胳膊，将小手伸向袖子中，再将衣服带子结好就可以了（图3-9）。

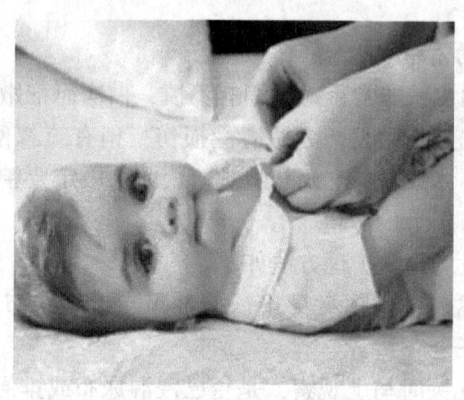

图3-9 给婴儿穿衣服

婴儿在会坐前穿上衣，都可按上述方法操作。

穿裤子时，育婴员的手从裤脚管中伸入，拉住小脚，然后将裤子向上提，即可将裤子穿上。

穿连衣裤时，先解开连衣裤上的扣子，平放在床上，让婴儿躺在上面，先穿裤腿，再用穿上衣的方法将手穿入袖子中，然后扣上所有的纽扣即可。连衣裤较方便，穿着也较舒服，保暖性能也很好。

婴儿会坐后，穿上衣时可让婴儿坐好，先套上一只袖子，从背后把衣服拉过，套上另一只袖子，整平衣服，扣好扣子。

1岁时便可训练婴儿自己脱鞋袜，1岁半以后可训练婴儿自己脱上衣、裤子，2岁半以后可以训练婴儿自己穿衣服、系扣子等。给（训练）婴儿穿衣服时，衣服应相对宽松一些。在给婴儿穿衣服时注意动作要轻柔，不可过度拉拽。

二、正确包裹新生儿

气温低时，可给新生儿上身穿合适的衣服后，再用柔软的绒布或棉布齐腋下包住，胸部以成人手能插入为宜，使新生儿双腿保持蜷曲状态，能自由蹬踢，也可使用睡袋。

不要把新生儿双臂紧贴躯干，双腿拉直，用布、毯子或棉布包裹后，再在外面用带子捆绑起来，打成"蜡烛包"。

第四章 婴幼儿保健与护理

第一节 预防接种

作为一名育婴员,应准确地按照《预防接种证》的相关内容,让婴幼儿及时接受预防接种。

一、婴幼儿的预防接种时间和内容

1. 婴幼儿的预防接种时间

育婴员应按照《预防接种证》上规定的时间,及时带婴幼儿去指定地点接受接种。婴幼儿的预防接种规定,见表4-1。

表4-1 婴幼儿的预防接种程序

接种时间	接种疫苗	次数	可预防的传染病
出生时	乙肝疫苗	第一次	乙型病毒性肝炎
	卡介苗	第一次	结核病
1月龄	乙肝疫苗	第二次	乙型病毒性肝炎
2月龄	脊灰疫苗	第一次	脊髓灰质炎(小儿麻痹)
3月龄	脊灰疫苗	第二次	脊髓灰质炎(小儿麻痹)
	无细胞百白破疫苗	第一次	百日咳、白喉、破伤风
4月龄	脊灰疫苗	第三次	脊髓灰质炎(小儿麻痹)
	无细胞百白破疫苗	第二次	百日咳、白喉、破伤风
5月龄	无细胞百白破疫苗	第三次	百日咳、白喉、破伤风

(续表)

接种时间	接种疫苗	次数	可预防的传染病
6月龄	乙肝疫苗	第三次	乙型病毒性肝炎
	流脑疫苗	第一次	流行性脑脊髓膜炎
8月龄	麻疹疫苗	第一次	麻疹
9月龄	流脑疫苗	第二次	流行性脑脊髓膜炎
1岁	乙脑减毒疫苗	第一次	流行性乙型脑炎
1.5岁	甲肝疫苗	第一次	甲型病毒性肝炎
	无细胞百白破疫苗	第四次	百日咳、白喉、破伤风
	麻风腮疫苗	第一次	麻疹、风疹、腮腺炎
2岁	乙脑减毒疫苗	第二次	流行性乙型脑炎
3岁	甲肝疫苗（与前剂间隔6~12个月）	第二次	甲型病毒性肝炎
	A+C流脑疫苗	加强	流行性脑脊髓膜炎

2. 婴幼儿预防接种的间隔时间

（1）接受种痘、麻疹疫苗等之后，接受种痘、小儿麻痹疫苗、麻疹疫苗，最少须间隔1个月。

麻疹疫苗之后之所以须间隔1个月，是因为结核菌素反应尚未完全出现，必须观察其反应。

（2）接种BCG（卡介苗）之后，婴幼儿在接种BCG（卡介苗）之后，如果皮肤状况欠佳的话，应避免种痘。

（3）接种白百破等灭活菌疫苗之后，婴幼儿在接种白百破、乙型脑炎、流行感冒等灭活菌疫苗之后，不论是活菌疫苗或灭活菌疫苗，皆须间隔1周。具体情况应在离开医务室之前，问清楚医生下次预防接种的时间。

二、婴幼儿接种的注意事项

1. 接种前的注意事项

育婴员带婴幼儿接种前，应注意以下事项。

（1）仔细阅读注意事项。

（2）从2~3天前检查婴幼儿健康状况。

（3）接种前尽量避免婴幼儿外出。给婴幼儿洗澡保持清洁。

（4）量婴幼儿体温。

（5）不要忘记带婴幼儿的《预防接种证》，顺便也带着婴幼儿喜欢的玩具和毛巾。

（6）让婴幼儿穿宽松的衣服。

2. 接种后的注意事项

尽管计划预防接种用的疫苗的质量都比较好，安全可靠，但由于种种原因，总会有个别婴幼儿发生严重的接种反应。因此，为预防万一，在预防接种后，育婴员应注意的事项如下。

（1）原地观察婴幼儿的反应。接种疫苗后，婴幼儿不要立即离开注射地点，观察一段时间后，再回家。这样做，便于医生及时处理迟发的过敏反应。

（2）婴幼儿的休息和饮食。要注意适当休息，不要让婴幼儿做剧烈的运动；不要让婴幼儿吃有刺激性的食物。

（3）保持婴幼儿的清洁卫生。婴幼儿接种部位要保持皮肤清洁卫生，衬衣要勤换、勤洗，但暂时不要给婴幼儿洗澡；不要让婴幼儿用手搔抓接种的部位，以免加重反应，引起局部感染。

（4）婴幼儿的异常反应强烈。当婴幼儿反应强烈或出现异常反应，如注射局部反应加重，发生感染、化脓现象；高烧持续不退；皮疹有增无减；精神萎靡不振，甚至出现惊厥时，要考虑是预防接种的非正常反应，要立即到医院诊治。

（5）预防接种的记录。在婴幼儿的《预防接种证》上做预防接种的记录。一般情况下,医生会帮你填写。

3. 婴幼儿不适合接种的情况

育婴员在带婴幼儿去医院接种之前,一定要弄清楚婴幼儿是否有以下症状。如果有的话,要谨慎对待。

(1)感冒发烧。接种疫苗,可能加剧发热性疾病和可能错把发热性疾病的临床表现当作接种疫苗出现的反应而影响以后疫苗的接种。

(2)腹泻。如宝宝的大便比平时增多,即出现腹泻时也不宜口服用脊髓灰质炎疫苗。

(3)皮肤患病。如宝宝的接种部位有严重的皮炎、化脓性皮肤病,则应在治愈后再行接种。

(4)身体过敏。当孩子由于过敏出现急性皮疹时,接种疫苗后出现过敏反应的概率增大,因此,不适合接种疫苗。

(5)肛周脓肿。肛周脓肿大多是由于全身抵抗力下降感染细菌引起。因此,有肛周脓肿的宝宝不能接种口服脊灰疫苗和轮状病毒疫苗,接种其他减毒活疫苗也要慎重。

(6)心脏、肝脏、肾脏疾病。严重心脏疾病、肝脏疾病和肾脏疾病都属于疫苗的禁忌证,接种疫苗可能加重这些原发疾病的症状。

(7)先天性免疫缺陷。患免疫缺陷的儿童对病原微生物缺乏抵抗力,接种疫苗可能引起持续感染或者其他严重后果。

(8)中枢神经系统性疾病。如患癫痫、脑炎等均不宜进行疫苗接种。特别是百白破三联疫苗、乙脑和流脑疫苗。

(9)疾病的急性期或患急性传染病。处于疾病的急性期或患急性传染病,应暂缓接种,以免加重病情。

第二节 生长监测

对于婴儿的生长监测,常用的指标是身高和体重。

一、为婴儿测量身高

身高是指从头顶到脚后跟的长度。给3岁以下的婴儿测量身高时应取仰卧位。

在雇主家庭中,育婴员可用简单的测量方法为婴儿测量身高。

(1)测量前需要准备2本书、1把软尺,等婴儿熟睡或较安静的时候进行测量。

(2)测量时将婴儿平放在桌上或床上,育婴员先在婴儿的头部上方放置1本书,注意书一定要垂直挨住婴儿的头顶。

(3)让婴儿伸展身体,育婴员可将双手稍微压住婴儿的双腿,帮助其伸展,在婴儿的脚跟部位垂直放置另1本书。

(4)轻轻地抱走婴儿,用软尺测量两本书之间的垂直距离,即为婴儿的身高。

二、为婴儿测量体重

育婴员在家中为婴儿测量体重一般选用钩秤或家居体重秤。

家中常用的钩秤最大称重为10kg。称重前,准备一块较结实的布,在其四角缝上较牢固的带子。称重时将婴儿放在布兜中央,拎起带子将布兜挂在秤钩上即可测量婴儿的体重。

使用家居体重秤时可先由育婴员抱着婴儿站在家居体重秤上称第一次的重量,然后育婴员自己站在家居体重秤上称第二次的重量,用第一次的重量减去第二次的重量即为婴儿的体重。

婴儿能站稳后,可让婴儿自己站在家居体重秤上直接称体重。

无论使用哪种方法称体重,都要将所称得的体重减去婴儿身上衣物的重量,这样得出的才是婴儿的净重。

三、衡量婴儿生长发育状况

育婴员可根据自己测量的结果,参照下表对比数值($\bar{x}$为平均值、s为正负标准差),及时了解婴儿的生长发育情况。

例如,测得男婴儿(出生在城市)1月龄时体重为5kg,身高为56.3cm。查表4-2,与月龄对应的男婴体重值为4.95kg,正负标准差为0.6kg,4.95+0.6=5.55kg,4.95-0.6=4.35kg,婴儿的体重在4.35~5.55kg均达到城市婴儿体重一般发育水平;查表1月龄对应的男婴身高值为56.3cm,正负标准差为2.1cm,56.3+2.1=58.4cm,56.3-2.1=54.2cm,婴儿身高在54.2~58.4cm均达到城市婴儿身高一般发育水平。由此可判断,所测男婴儿体重、身高达到城市婴儿一般发育水平。

第三节 常见疾病的预防和护理

一、湿疹

1.3个避免

(1)避免接触化纤衣物等容易引起过敏的物品。婴幼儿的衣物一定要选择纯棉制品,柔软、舒适、没有刺激性,以避免因为对上述物品过敏而引起湿疹。

(2)避免环境过热。周围环境过热可能造成婴幼儿出汗,汗液的刺激以及温度高的环境易发生湿疹,也可使已发生的湿疹加重。

表 4-2　2015 年九市 3 岁以下儿童体格发育测量值（$\bar{x} \pm s$）

年龄(月)	人数(名) 男	人数(名) 女	体重(kg) 男	体重(kg) 女	体重 t值	身长(cm) 男	身长(cm) 女	身长 t值	头围(cm) 男	头围(cm) 女	头围 t值
城区											
初生	2 264	2 147	3.38±0.40	3.26±0.40	9.861[a]	50.4±1.6	49.8±1.6	11.538[a]	34.0±1.4	33.7±1.3	9.000[a]
1~<2	1 907	1 897	4.95±0.60	4.62±0.56	17.649[a]	56.3±2.1	55.2±2.0	16.154[a]	37.7±1.2	37.0±1.2	19.478[a]
2~<3	1 872	1 856	6.18±0.70	5.68±0.64	22.569[a]	60.2±2.2	58.9±2.1	18.697[a]	39.5±1.1	38.6±1.1	23.536[a]
3~<4	1 895	1 893	7.11±0.79	6.51±0.74	24.043[a]	63.4±2.1	61.9±2.2	21.626[a]	40.9±1.3	39.9±1.2	25.158[a]
4~<5	1 897	1 853	7.78±0.89	7.11±0.77	24.712[a]	65.8±2.2	64.1±2.1	23.517[a]	41.9±1.3	40.9±1.2	25.058[a]
5~<6	1 811	1 841	8.26±0.94	7.60±0.85	22.129[a]	67.7±2.3	66.1±2.3	22.006[a]	42.9±1.3	41.8±1.3	25.740[a]
6~<8	1 901	1 884	8.68±0.94	8.03±0.90	21.565[a]	69.5±2.3	67.9±2.3	22.766[a]	43.8±1.3	42.6±1.2	27.946[a]
8~<10	1 892	1 881	9.35±1.03	8.70±1.02	19.506[a]	72.5±2.4	70.9±2.6	19.472[a]	45.0±1.3	43.9±1.3	26.573[a]
10~<12	1 860	1 862	9.88±1.11	9.24±1.05	18.084[a]	75.1±2.6	73.7±2.7	16.338[a]	45.7±1.4	44.7±1.3	23.926[a]
12~<15	1 876	1 871	10.26±1.10	9.65±1.06	17.308[a]	77.6±2.7	76.2±2.7	15.571[a]	46.3±1.3	45.3±1.3	23.836[a]
15~<18	1 847	1 886	11.07±1.19	10.46±1.16	15.731[a]	81.4±3.0	80.1±3.0	12.864[a]	47.0±1.3	46.1±1.3	21.083[a]
18~<21	1 882	1 870	11.50±1.26	10.89±1.19	15.327[a]	84.0±3.0	82.8±3.0	12.020[a]	47.6±1.3	46.6±1.3	23.551[a]
21~<24	1 857	1 815	12.38±1.35	11.73±1.25	15.216[a]	87.3±3.1	86.1±3.1	11.619[a]	48.1±1.3	47.1±1.3	23.821[a]
24~<30	1 909	1 869	12.98±1.48	12.36±1.41	13.139[a]	90.6±3.6	89.3±3.6	11.060[a]	48.5±1.4	47.5±1.4	22.618[a]
30~<36	1 858	1 879	14.28±1.71	13.57±1.68	12.792[a]	95.6±3.8	94.2±3.8	11.407[a]	49.1±1.4	48.2±1.4	20.168[a]
郊区											
初生	1 808	1 806	5.01±0.60[c]	4.72±0.61[c]	14.278[a]	56.3±2.2	55.3±2.1	13.761[a]	37.8±1.2[b]	37.1±1.2[c]	17.592[a]
1~<2	—	—	—	—	—	—	—	—	—	—	—

(续表)

年龄(月)	人数(名) 男	人数(名) 女	体重(kg) 男	体重(kg) 女	t值	身长(cm) 男	身长(cm) 女	t值	头围(cm) 男	头围(cm) 女	t值
2~<3	1 792	1 749	6.30±0.76[c]	5.79±0.68[a]	20.749[a]	60.5±2.3[c]	59.0±2.2[b]	19.002[a]	39.7±1.3[c]	38.8±1.2[c]	22.279[a]
3~<4	1 825	1 839	7.13±0.83	6.50±0.74	23.972[a]	63.3±2.3	61.8±2.2	20.934[a]	41.0±1.3	39.9±1.2	25.192[a]
4~<5	1 730	1 741	7.76±0.93	7.11±0.85	21.696[a]	65.6±2.3[b]	64.0±2.2[b]	21.588[a]	42.1±1.3[c]	41.0±1.3	25.474[a]
5~<6	1 803	1 785	8.22±0.99	7.59±0.91	19.833[a]	67.5±2.3[b]	65.9±2.3[b]	21.146[a]	43.0±1.3	41.9±1.3[c]	24.680[a]
6~<8	1 896	1 869	8.70±1.06	8.07±0.97	19.026[a]	69.4±2.6	67.8±2.5	19.264[a]	43.8±1.3	42.8±1.3[a]	25.016[a]
8~<10	1 876	1 882	9.23±1.07[b]	8.62±1.03[a]	17.921[a]	72.2±2.6[c]	70.7±2.5[c]	18.157[a]	44.9±1.3	43.8±1.3	26.891[a]
10~<12	1 876	1 901	9.79±1.11[c]	9.10±1.05[c]	19.502[a]	74.8±2.7[c]	73.3±2.6[c]	18.000[a]	45.7±1.3	44.6±1.3[c]	26.630[a]
12~<15	1 904	1 872	10.25±1.16	9.66±1.10	15.898[a/c]	77.5±2.8	76.1±2.7	15.243[a]	46.3±1.3	45.2±1.3[c]	27.100[a]
15~<18	1 868	1 847	10.87±1.18[c]	10.29±1.17[c]	14.997[a]	81.1±2.8[b]	79.7±3.0[c]	14.195[a]	46.9±1.3	45.9±1.3[c]	23.568[a]
18~<21	1 884	1 880	11.45±1.31	10.79±1.27[b]	15.673[a]	83.6±3.2[c]	82.3±3.1[c]	12.500[a]	47.4±1.3[c]	46.4±1.3[c]	23.772[a]
21~<24	1 867	1 821	12.29±1.36[b]	11.65±1.29[b]	14.813[a]	86.7±3.3[c]	85.5±3.2[c]	11.300[a]	48.0±13[b]	47.0±1.3	23.180[a]
24~<30	1 919	1 905	12.98±1.53	12.33±1.50	13.322[a]	90.6±3.6	89.1±3.5[b]	13.056[a]	48.4±1.4[c]	47.4±1.4	21.507[a]
30~<36	1 904	1 877	14.12±1.73[c]	13.59±1.64	9.695[a]	95.1±3.8[a]	94.1±3.7	8.761[a]	49.0±1.4[c]	48.1±1.4[b]	20.339[a]

注：男女比较，[a] $P<0.01$；[b] $P<0.05$，[c] $P<0.01$；与城区同年龄同性别比较，[a] $P<0.01$，[b] $P<0.05$，[c] $P<0.01$；—为未测量；初生指出生0~3天

（3）避免环境过湿。周围环境过湿可能造成婴幼儿湿疹发生或者加重。

2. 饮食注意事项

（1）由于湿疹发病多见于人工喂养的婴幼儿，牛奶中含有的异性蛋白可以造成婴幼儿过敏，导致湿疹的发生，因此，一定要宣传和努力促成母乳喂养成功。

（2）应该指导哺乳产妇不要进食刺激性食物，以避免刺激物通过乳汁进入婴幼儿体内，由此增加湿疹发生的概率。

3. 洗浴注意事项

（1）已患有湿疹的婴幼儿，特别是渗出较多的湿疹时，不要过多清洗患部。洗浴用水应该以温水为宜。不要用过热的水洗浴。

（2）给患有湿疹的婴幼儿洗浴时，不要使用肥皂，避免刺激湿疹的加重。

4. 预防感染

由于湿疹发生后，局部发痒用手搔抓，容易造成感染，因此，要及时给婴幼儿剪指甲，以免抓破皮肤造成感染。

二、鹅口疮

1. 注意观察口腔

（1）鹅口疮发生在婴幼儿的口腔内，呈白色凝乳状附在口腔黏膜上。因此，需要经常观察婴幼儿口腔，特别是要将鹅口疮与婴幼儿吃奶后残留的奶液区分开来。

（2）区分特点是：婴幼儿口腔中残留奶液一经喝水就漱清了，不再看到白色凝乳状物。而鹅口疮喝水后仍可见白色凝乳状物，而且用棉签擦拭后仍可见露出的粗糙潮红的黏膜。

2. 母乳喂养前清洗乳头

由于母乳喂养时，婴幼儿需要含接母亲的乳头，如果母亲的乳头不清洁，就有可能使婴幼儿口腔受到感染。因此，母乳喂养前一定要清洗乳头。

3. 人工喂养需要清洁消毒奶具

（1）喂养婴幼儿的奶具使用后，一定要清洗干净，不要留有残留物，以避免滋生细菌，污染奶具，进而感染到婴幼儿的口腔，造成鹅口疮。

（2）每次给婴幼儿喂奶后，都要煮沸消毒奶具，或者使用奶具消毒锅进行消毒。

三、脐炎

1. 脐带脱落前的护理

脐带结扎后的脐带残端，一般需要经过3~7天才能脱落，因此，在此阶段应该保持脐带部位的干燥和清洁。避免沾染尿液或者洗澡水弄湿脐部。

2. 脐带脱落前的处理

（1）每天使用蘸有75%酒精的消毒棉棒清洁脐部，此时，脐带尚未脱落，时而渗出水分或血液，需清洁干净。

（2）清洁脐部的方法。每天洗澡后擦干身体，包括脐周，一手将脐带轻轻提起，一手用消毒酒精棉棒从脐带根部从内向外呈螺旋状向四周擦拭。

3. 脐带脱落后的处理

（1）脐带脱落后脐带根部仍可以有少量黏性分泌物，或者局部有些湿润。可用75%酒精消毒棉棒继续清洁脐部。

（2）清洁脐部的方法同前，清洁后应该使局部晾干。

（3）特别注意清洁已经呈干痂状的脐带底部，防止该部位存有脓性分泌物，未擦干净可能引起感染。

（4）脐带结痂快脱落的时候，有时会发生出血，血色鲜，此时清洁脐部后，要用干燥的消毒棉签擦干，次日如果脐部没有

育婴员

分泌物，可以不必用碘伏棉签去擦拭，因为，那样往往造成刚刚结痂的伤口再次出血。

四、脓疱疮

1. 脓疱疮及早发现

在给婴幼儿洗澡的时候，注意孩子的颈部皱褶处、腋下、大腿根部皱褶处、腹部等部位。初期为小米粒大小的疱疹，内有黄色液体。如果不注意处理，发展很快，疱疹增大呈黄豆大小，疱疹破溃流出黄水，可以发生更多的感染，更多的脓疱疮。因此，洗澡时应该注意观察婴幼儿的皮肤，特别是上述皮肤皱褶处，以便早发现早处理。

2. 脓疱疮的护理

每天洗澡后用75%酒精消毒棉棒把脓疱擦破，再换用干净消毒棉棒擦净局部。天热时节由于汗液容易污染皮肤，增加感染机会，因此，可以每天数次洗澡，每一次都如上述方法处理脓疱。

3. 脓疱疮的预防

（1）防止交叉传染，应该特别预防产院婴幼儿室内发生脓疱疮的交叉感染。

（2）防止自身感染，处理脓疱时要注意污染的棉棒不要乱丢，孩子的贴身衣服勤换洗，而且要煮沸消毒，以免二次感染。

五、感冒气喘

1. 婴幼儿感冒气喘的表现

一般在感冒流涕、发热后的1~2天，有些婴幼儿会开始咳嗽，伴随着咳嗽的逐渐增加出现气喘的现象。婴幼儿呼气延长、呼吸急促，每分钟达50次以上，甚至还会憋气。此时，可以明显地感觉到婴幼儿的呼吸道阻塞，咳嗽、气喘时口唇青紫。

2. 婴幼儿感冒气喘的预防方法

（1）预防感冒。加强身体锻炼、增加户外活动从而增强婴幼儿机体抗病能力，减少感冒；合理的穿衣，不要忽冷忽热；家中有感冒的病人，应尽量与婴幼儿隔离，如果不得不与婴幼儿接触，最好戴口罩。

（2）保持良好的居室环境。定期通风换气，室温不要过高或过低，并保持定湿度；在室内烧烤食物时，一定要开窗。

（3）注意生活细节。尘螨是诱发小儿气喘体质发作最重要的过敏源，因此，要注意一些细小的生活习惯。每天起床后一定要叠被；不要给婴幼儿玩填充玩具和毛绒玩具；建议雇主家中避免使用地毯和挂毯；避免婴幼儿接触小动物。

（4）疫苗预防。必要时，可给婴幼儿使用疫苗预防，可从鼻腔内喷入或滴入，以预防或减轻上呼吸道感染病症。对已经发生气喘的婴幼儿，应及时带婴幼儿去医院就诊。

六、缺铁性贫血

1. 婴幼儿缺铁性贫血的表现

婴幼儿从出生到1周岁是生长发育最旺盛的时期。其中，血容量增长很快，铁元素是人体血红蛋白和肌红蛋白的重要原料。铁吸收不足，就会发生缺铁性贫血而影响氧气的运输，影响生长发育。婴幼儿多在6个月至2岁时发生缺铁性贫血。

2. 婴幼儿缺铁性贫血的预防方法

婴幼儿生长快，要及时添加含铁丰富的辅食，如蛋黄、动物肝、瘦肉及绿叶菜等。还可以采用经卫生部门认可的铁强化食品。另外，要定期去医院检查婴幼儿的血色素。如果婴幼儿发生缺铁性贫血，应在医生指导下坚持采用药物治疗。

七、惊厥

1. 婴幼儿惊厥的表现

有些婴儿会在6个月前后发生惊厥（俗称抽风），一日发作多次，每次只持续几秒钟至几分钟；有时发作不是全身惊厥，只是眼肌、面肌或手指足趾的细微颤动；不发作时精神和饮食如常，也不发烧。

还有一种惊厥多发生在6个月至3岁，一般多发生在感冒初起突然高热时。因此，对发烧好几天才出现的惊厥，应多考虑其他病因，例如，流脑、中毒性脑病等。

2. 婴幼儿惊厥的处理方法

婴幼儿如果出现手足搐搦症，要尽快去医院诊治。适量补充钙质和维生素D，便会很快治愈，不留后遗症。

婴幼儿出现惊厥在准备送医院的同时，育婴员首先要保持镇静，切勿惊慌失措，应进行家庭急救。

（1）应迅速将婴幼儿抱到床上，使之平卧，解开衣扣、衣领、裤带，采用物理方法降温。

（2）用手指甲掐婴幼儿人中穴（人中穴位于鼻唇沟上1/3与下2/3交界处），将婴幼儿头偏向一侧，以免痰液吸入气管引起窒息，用裹布的筷子或小木片塞在婴幼儿的上下牙之间，以免咬伤舌头，保障通气。

八、盗汗

1. 婴幼儿盗汗的表现

婴幼儿出汗是正常的，尤其是婴幼儿由于新陈代谢旺盛，加上活泼好动，有的婴幼儿即使晚上上床后也不得安宁，所以，入睡后头部也可出汗。此种情况就属于生理性多汗。生理性多汗是指婴幼儿发育良好、身体健康，无任何疾病引起的睡眠中出汗。

而一些病理性出汗是在小儿安静状态下出现的。

（1）佝偻病的出汗表现。如佝偻病的出汗，表现为入睡后的前半夜，婴幼儿头部明显出汗。由于枕部受汗液刺激，婴幼儿经常在睡觉时不时转头并与枕头摩擦，结果造成枕部头发稀疏、脱落，形成典型的枕部环状脱发，医学上称之为"枕秃"。这是婴幼儿佝偻病的早期表现。

（2）结核病的出汗表现。假如婴幼儿不仅前半夜出汗，后半夜及天亮前也出汗，多数是有病的表现，最常见者是结核病。结核病还有其他表现，如低热、疲乏无力、食欲减退、面颊潮红等。结核病的病儿白天活动时易出汗称为虚汗，夜间的出汗称为盗汗。

（3）其他病的出汗表现。婴幼儿患有心脏病、糖尿病（低血糖时），或在睡眠时呼吸不顺畅，因身体内在的压力（病变）促使交感神经始终处在紧张状态，也会出现"夜睡盗汗"或是"手脚出冷汗"的现象。此种情况是长期的症状。

2. 婴幼儿盗汗的处理方法

对婴幼儿睡眠中的出汗，应仔细区别，必要时，带婴幼儿去医院检查，发现异常及时治疗。

九、便秘

1. 婴幼儿便秘的表现

婴幼儿便秘的表现：排便的次数少，有的婴幼儿3~4天才排1次大便；粪便坚硬，排便困难；排便时疼痛或不适，婴幼儿哭闹。

2. 婴幼儿便秘的预防方法

无任何疾病症状的便秘，不必过于担心。婴幼儿的便秘要以预防为主，从饮食和生活习惯上加以注意。

（1）饮食预防。如果是牛奶喂养的婴幼儿，可在牛奶中加入适量的糖（5%~8%的蔗糖）可以软化大便。注意给婴幼儿多吃些新鲜果汁、蔬菜汁、菜泥。婴幼儿吃东西不宜过精，要吃一些含纤维素较多的食物，像白菜泥、玉米糊、莴苣泥等，便于形成大便。

（2）训练婴幼儿定时排便。要注意训练婴幼儿定时排便的良好习惯。如果养成了这种习惯，即使粪便不多，时间因素作为一种刺激，也会让婴幼儿产生排便意识。

3. 婴幼儿便秘的处理方法

如果婴幼儿已经2天没有大便，而且哭闹、烦躁，可以用开塞露塞入婴幼儿肛门后，将药水挤入肛门，取出塑料管后，轻轻捏住肛门口。以免药物在没有发挥作用前，由于直肠内压力过高，将开塞露药液喷出。这种办法通便效果好，但不要常用。

十、消化不良

1. 消化不良的预防

（1）母乳喂养消化不良的发生率很低，因此，应该促成母乳喂养的成功，以减少消化不良的发生。

（2）人工喂养应注意喂养方法，奶量不宜增加太多，或者突然由母乳喂养改为人工喂养。

（3）如新生儿是人工喂养，则一定注意奶具在使用后要清洗干净，避免新生儿因奶具不洁而发生消化不良。

（4）每次给新生儿喂奶后，都要煮沸消毒奶具，或者使用奶具消毒锅进行消毒。

2. 如何判断是否发生消化不良

（1）在正常状态下，母乳喂养的新生儿大便一般每天2~6次，金黄色糊状或比较稀薄。人工喂养的新生儿大便颜色为浅黄色成形，每天1~2次。新生儿一般状态良好，体重增长。

（2）如果新生儿便次增多，而且大便呈稀水状，混有奶瓣，且状态不好,哭闹增加,体重不增,就要考虑是否发生了消化不良。

(3)判断指标。一看大便形状;二看大便次数;三看新生儿状态;四看新生儿体重增长情况。

3. 发生消化不良的护理

(1)及时调整奶量。一般消化不良都可以通过调整奶量及哺喂方式等方法缓解。在1~2天减少每次喂奶量,或者把奶调稀,以减轻胃肠道负担。但是时间不要太长,以免引起新生儿营养不良。

(2)劝告产妇尽量母乳喂养。建议将混合喂养暂时改为单独母乳喂养,以减少人工喂养中某些配方奶引起的消化不良。

十一、尿布疹

1. 尿布疹产生的原因

尿布疹俗称"红臀",主要是因为新生儿臀部的皮肤长时间在潮湿、闷热的环境中不透气造成的。粪便及尿液中的刺激物质以及一些含有刺激成分的清洁液也会使新生儿的屁股发红,新生儿常因此而烦躁哭闹、睡卧不安。有的新生儿红臀的原因是母乳性腹泻,这是由于新生儿对乳糖不耐受引起的。夏季是引起尿布疹的高发季节。

2. 尿布疹的预防

(1)尿布疹也就是平日所说的臀红。表现在臀部皮肤发红或者出现小红疹,严重时,表皮肿胀、破损和流水。

(2)尿布疹重在预防。方法是新生儿大小便后及时更换尿布,提倡使用纸尿裤。如果使用尿布,要选择吸水性强的纯棉制品,换洗后要用开水烫洗,洗衣粉要冲洗干净,并在阳光下晒干。

3. 尿布疹的护理

（1）大便后处理。先用湿纸巾轻轻地将臀部的粪便擦拭干净，如果大便较多，就用清洁的温水清洗干净，然后涂擦护臀霜或鞣酸软膏。如果大便很少，只用湿纸巾擦拭即可。

（2）小便后处理。一般小便后无须每次清洗臀部，以避免破坏臀部表面的天然保护膜。

（3）如发生轻度臀红则应多暴露（室温在 26~28℃），2~3 次/天，30 分钟/次，以使局部保持干燥，每次暴露后涂擦鞣酸软膏。

第四节　意外伤害的预防和处理

一、烫伤

1. 洗澡时烫伤防范

（1）给婴幼儿洗澡时，如果使用流动水，一定要控制好水温，在 38~40℃，不能超过 40℃。可以用手肘内侧感觉不凉不烫才可。建议买个水温计，更准确地把握温度。

（2）如果使用洗澡盆，放水时应该先放凉水后放热水，一定不要抱着孩子拿暖水壶，以免烫伤孩子。

（3）孩子应该远离热水盆、热水壶等，洗澡时，等调好了水温，再抱孩子洗澡。

2. 使用热水袋时烫伤防范

（1）原则上，婴幼儿不必使用热水袋取暖，因为，婴幼儿皮肤娇嫩，水温稍微掌握不好就可能发生烫伤。

（2）必须使用热水袋时，要灌入温水，而且，要用毛巾将热水袋包起，避免蓄积的热度烫伤了孩子。

3. 发生烫伤的紧急处理

不要急于脱去衣裤，首先应该立即用凉水冲，时间长短按当时烫伤情况定，烫伤轻微用凉水冲的时间短，烫伤重则用凉水冲的时间长。然后慢慢看清烫伤情况再轻柔地脱下衣裤，小心避免脱去衣裤时将烫伤的皮肤一并脱下，造成进一步的损伤。

二、眼耳鼻异物

孩子由于好奇，会把豆子、玻璃珠、小石子等小东西塞进耳朵、鼻子里，眼睛里也会进入灰尘、沙子，如果及时发现要立即正确处理。有时没有及时发现，会引起局部感染。

（1）眼部异物。

①常见眼部异物：多见于飞尘、小虫、沙粒入眼，引起灼痛、畏光、流泪。

②急救方法：

一是沙子、小虫入眼附于眼球表面，可用干净的棉签轻轻擦去。若异物嵌入眼睑结膜，需翻开眼皮，再擦去。翻眼皮的方法是，让小儿眼向下看，用拇指和食指捏住他的眼皮，轻轻向上翻转则可。

二是如异物嵌于角膜组织内，或上述方法无效，应迅速送医院处理。

（2）耳朵异物。

①如果有虫子进入耳朵中，可以往耳朵中滴入 4~5 滴植物油或橄榄油，将虫子杀死，然后前往医院五官科就诊，取出虫子。

②其他异物误入耳朵中，不要硬掏，这样反而会把异物越塞越进，应到医院五官科请医生取出异物。

（3）鼻腔异物。

①如果异物阻塞在鼻孔口，可用手指压住另一侧鼻孔，用力

将异物喷出。可以用纸捻刺激婴儿鼻孔,让他打喷嚏,将异物喷出。

②如果异物深入到鼻孔深处,可以用镊子细心夹出,如果无法夹出,应到医院五官科就诊。

三、跌落伤

孩子生性好动,平衡性又差,很容易从床上、椅子上、楼梯等地方跌落下来,发生意外。父母再小心,有时也免不了孩子跌跌碰碰的。孩子摔伤的轻重程度可以相差很大,有的仅仅是头上碰出个包,有的是严重的脑震荡,甚至威胁到生命。重要的是时时刻刻预防,并从点点滴滴做起,如在楼梯口、窗台前安装围栏,床上安装护栏,房间不要有高低落差的台阶,尽量不要用地毯、地垫,以免孩子绊倒受伤。窗户边不能安放孩子可攀爬的桌子、凳子和沙发等家具;窗户上要装一定高度的栏杆;窗户要保持关闭,或开一定的宽度,保证儿童不会爬出去;阳台的栏杆要足够高,孩子不易攀爬;阳台栏杆间的宽度适当,孩子不易钻出。

1. 表现

(1)婴幼儿的头大,跌倒时多数是头先着地,头部首先受伤。

(2)跌落后立刻大声哭,如果能够自行停止,又恢复原来状态,就不用担心。

(3)头部严重受伤会引起严重脑震荡,表现为意识丧失或意识不清,出现发呆、反应迟钝、反复呕吐、抽搐、甚至耳鼻出血等,是十分严重的危险状态。

(4)有的头部受伤后,异常症状并不马上表现出来,要等到2~3天后才出现异常,因此,要仔细观察2~3天。

(5)跌落伤常常伴有出血,有的有骨折发生,在紧急处置后要到医院进一步检查。

（6）腹部被撞击后应该仔细观察，如果没有出血和伤口，不久后哭泣停止，情绪恢复原样，就不必担心。如果抚摸腹部感到疼痛加剧，出现呕吐、肚子肿胀、脸色苍白、手脚变冷、脉搏加快变细时，表示有内脏损伤出血，应该立即转送医院抢救。

2. 紧急措施

（1）孩子跌落受伤后，如果出现下列表现，表示病情严重，要立即转送医院。

①头部受伤出现反复呕吐、意识不清。

②腹部受伤后出现腹部拒按、腹部肿胀、脸色苍白。

③有较大创口或出血。

（2）如果被撞出肿块，应该尽量让孩子安静，用冷毛巾敷在患处，可以减轻疼痛，消除肿胀。

（3）轻微出血用纱布按压止血。

（4）头部撞伤后应该观察2～3天，如果无异常情况才能放心下来。

四、窒息

因呼吸道被物体或食物堵塞，呼吸发生困难的紧急状态，多发生在1岁以下婴儿，是导致死亡的主要原因。窒息要及时发现，及时进行抢救，才能避免危险。

1. 常见原因

（1）捂被窒息。冷天埋在柔软的被子、枕头或床上的布娃娃下面，会引起窒息。

（2）呕吐窒息。小宝宝仰天睡觉时，呕吐物呛入气管窒息。

（3）食物吸入气管引起堵塞。常见的吸入物有豆子、软糖、果冻。

（4）气球、塑料袋堵塞口鼻引起窒息。

2. 表现

(1) 无呼吸、呼吸微弱、不会哭闹。

(2) 嘴唇、指甲、皮肤发绀,手脚冰冷,眼睛呆视,脉搏细微。

3. 应急措施

(1) 因捂被引起的窒息,发现应立即解除捂盖物,将婴儿置于空气流通处,检查宝宝有无呼吸和心跳。如果宝宝逐渐转红,并有了哭声,就没有大的危险,立即带孩子去医院检查。如果宝宝呼吸和心跳很微弱,如身旁有人协助时,可一人拨打120急救电话,一人立即人工呼吸和胸外按压,直到120急救医师到来。

(2) 如果是由于异物堵塞咽喉引起的窒息,可按下列步骤进行。

①若异物进入口腔不深,张口后可以看得见,可把孩子的嘴张开,用食指沿着两颊内侧插入,慢慢把异物抠出来。

②张开孩子的嘴,如果看不到异物,不要尝试用手去抠,这样反而会把异物塞得更深。如果孩子没有呼吸困难情况,应该立即送到医院去处理。

③如果宝宝脸色发绀,呛咳,呼吸困难,则是气管被堵住了,必须尽快将异物排出。

(3) 婴儿气管异物的处理:气管异物自然咳出的概率只有1%,应该迅速送到医院急救,用气管镜取出异物。但在紧急时或120急救车尚未到达时,可以使用下列方法进行暂时的处理。

①以手前臂将婴儿的胸腹部扶住,脸朝下,手靠着婴儿的胸部,用拇指和食指固定下巴两侧。再用大腿支撑住婴儿的身体,保持婴儿的头低于身体并转向一侧。

②用另一手手掌根拍击婴儿的背部两肩骨之间,一秒钟1次,用力拍打5次。

③再将婴儿转身,躺在一只手前臂上,使他的头低于身体。用两手指于婴儿的胸骨末端,约在乳头下一横指处,将手指快速往下按压0.8~1.2cm深,连续压5次,速度为每秒1次。

④如果异物没有吐出来,再将婴儿往下翻,用力拍击背部5次,再继续压胸5次。如此反复动作,将异物排出来或等急救医师到来。

(4) 幼儿气管异物的处理,可按下列做法进行。

①家长站在孩子的后方,另一人用两只手环抱着孩子的腰部。

②家长一手握着拳,另一只手抓住此拳头,握拳的拇指靠在孩子的腹部肚脐上方,胸骨的下方。不要压在胸骨和肋骨上。

③家长的手肘向外,将握拳的手往孩子的腹部压,方向朝着腹部的内侧和上方,连续压5次。停顿一下。若异物未出来,持续按压腹部直到异物吐出,或等急救医师到达。

4. 窒息的预防

(1) 寒冷季节小儿最好独自一床睡觉,不要与大人同被睡,以免引起捂被窒息。

(2) 不能把能够放入口中的玩具让3岁以下儿童玩,以免发生意外。

(3) 不能让小儿吃小果冻,以防发生吸入堵塞气管而窒息。

(4) 不能让孩子学着把食物抛进口中的危险吃法。2岁以下的孩子不能把花生米、瓜子、药片整粒放进口中,以防在玩笑时吸入气道。

五、溺水

溺水是儿童意外死亡的主要原因之一,在城市里小儿溺水大都发生在家中的浴缸里洗澡游泳时,郊区和农村儿童大多数发生于沟、塘、游泳池、河流。溺水造成窒息缺氧,如果呼吸停止3

分钟以上，大脑就会发生缺氧而造成损伤，是非常危险的，关键在于预防。家庭中浴室的浴缸中不要存水，浴缸高度不应低于50cm，以防孩子跌入，有时婴儿会掉入洗衣机中，因而，在洗衣机周围不能安放踏板等物。家中的浴室要随时关门并锁上。家长应该学会溺水的急救方法，包括倒水方法、心肺复苏等，而且仅有理论知识是不够的，要参加操作培训。

1. 常见的原因

（1）跌入浴缸、洗衣机或水盆中。

（2）孩子单独在浴室中玩水。

（3）孩子单独去水沟、游泳池、河湖边上玩耍。

2. 表现

（1）无呼吸，或呼吸、心跳微弱，神志不清。

（2）脸色青紫或苍白。

（3）口中有污水或有泥土、草渣等杂物。

3. 应急措施

（1）如果从水中拉出能大声哭泣，表示没有发生窒息，不必担心。

（2）如果孩子还在水中或浮在水面上，要尽快把孩子捞出。大声地呼喊孩子的名字或摇动他的身体，观察有没有反应。如果有反应，说明还有意识，窒息时间不长；如果没有反应、面色苍白或青紫、两手下垂，表示窒息很严重。这时要一边紧急进行急救，一边电话呼叫120急救中心。

（3）立即清除孩子口中的泥土杂物，保持呼吸道通畅。将孩子俯卧在大人的膝盖上或大石块上，将肚中的水倒出。

（4）立即口对口人工呼吸和胸外按压，直到孩子恢复自主呼吸或急救医师到来。中途不要停止或放弃，这是能否抢救成功的关键。

（5）孩子在现场抢救复苏后，要尽快转送医院继续治疗。

六、出血

出血是经常发生的意外,几乎每个孩子都发生过,只是程度不同而已。一旦发生出血,要立即设法止血,同时,应该预防感染,并且要预防破伤风的发生。

1. 常见原因

宝宝到7~8个月以后,会爬着移动身体了,以后能够站立、行走,活动的范围扩大了,经常会出现摔倒、刺破手脚等,出血是难免的,家长要学会止血救护的方法。

2. 表现

(1)较小、较浅的伤口,血液慢慢地渗出,这是毛细血管出血。

(2)出血较多,血液颜色较暗,不停地涌出来,这是静脉出血。

(3)出血像喷泉一样喷射出来,血液呈鲜红色,这是动脉出血。

(4)外伤引起的出血,在伤口常有异物,如泥土、玻璃片、木刺等。

3. 紧急措施

(1)首先要止血。确认伤口后,用清洁纱布或棉布盖在伤口上,用手指或手掌按压3~10分钟,直到完全止血。在止血过程中,可以稍微停顿一下,检查伤口出血的情况;然后用软垫包扎固定。

(2)止血后应该去医院对伤口作进一步处理。

(3)如出血较多,在按压伤口止血时,也可以用布带子把伤口上部的肢体扎紧,能够帮助止血。但是,这种止血方法一定要注意定时放松一下,让血液流通,防止扎紧部位以下的肢体因长期缺血而发生损伤。

（4）以下情况在简单止血处理后，应该尽快送往医院。

①出血量较大时。

②伤口里有异物。

③除了出血外，如果孩子疼痛剧烈，不能活动，意识模糊，要当心有其他伴随的损伤存在。

4. 出血的预防

（1）在孩子活动的地方不要有尖锐的、有锐角的物件，预防孩子摔跤时发生出血。

（2）家庭中的刀具、尖锐用品应该收藏在孩子拿不到的地方。不能让孩子玩弄刀子、钉子等易造成损伤的物件。

（3）起居室门上装安全玻璃，不要让婴儿接触到易碎的东西。

七、骨折

婴儿的骨头柔软而脆弱，摔跤等较小的冲击也会引起骨折。儿童骨折后只要正确处理，愈合得比较快。

1. 常见原因

（1）从床上跌落地下。

（2）爬上桌椅或窗台跌落。

（3）从楼梯上滚落。

2. 表现

（1）剧烈疼痛，哭闹不止。

（2）肢体不能活动。

（3）除骨折外，可能存在外伤引起的其他损伤（如血管、神经损伤）的症状。

3. 紧急措施

（1）怀疑有骨折，应该用木板简单固定，并处理好外伤，止血后立即送医院治疗。

(2) 骨折后不要移动患部，先用木板作简单的固定。木板应长于骨折处上下两个关节的长度。手臂骨折用木板固定后再用三角巾挂在脖子上保持功能位置。

(3) 临时没有木板，可以使用手边能够找到的东西代替，如尺子、杂志、雨伞、坐垫、筷子等。

(4) 在送往医院时，在途中可以用冷湿毛巾或冰块在患处做冷敷，缓解疼痛。

4. 骨折的预防

3岁以下的孩子不能离开大人独自去登高、爬梯、爬窗子，这样容易发生跌落而骨折；可疑发生骨折时不要搬动患肢，以免引起二次损伤。

八、误食

婴儿从4~5个月开始就会把手放到嘴巴里，以后手里抓到东西也会往嘴里塞，容易引起误食。婴儿的口腔比人们想象的要大得多，直径39mm的物体都可以塞进口腔中。烟、硬币、干电池、药丸、玻璃珠、戒指、瓶盖、纽扣、钉子及手镯、脚镯上的小铃等是较常见的容易被孩子误食的物品，其他如化妆品、防虫剂、洗涤剂、消毒剂等也容易被误食。被误食的物品对身体除了产生机械损伤外，还有物品的毒性作用，对孩子身体的影响很大。

1. 常见原因

(1) 孩子拿到较小物品后，因为好奇而放到嘴里被吞入。

(2) 孩子把洗涤剂、化妆品等误以为是糖果，果汁而误食。

2. 表现

(1) 有的较小物体吞入后，可以没有不适表现。

(2) 引起胃肠道损伤时，可以出现腹痛、呕吐等症状。

(3) 根据不同的物品的性质，出现不同的中毒症状。

3. 应急措施

（1）如果是误食了肥皂、蜡笔、面霜等危险性小的东西，可用手指将残留在口腔中的部分抠出来，再用食指压住舌根部让孩子呕吐。

（2）硬币、玻璃珠等无法消化的东西会随着大便一起排出，可以在1~2天内注意观察宝宝的大便，如果大便中没有异物排出，应该到医院去检查。

（3）以下情况不能让孩子呕吐。吞下尖状物体、纽扣、电池等物品时，不能强行使孩子呕吐，这样会损伤食道和胃，发生危险。喝了挥发性物质如石油等，或强酸、强碱（如洁厕剂、防霉剂）也不能强行呕吐，以免将呕吐物呛入气管中引起严重吸入性肺炎。要立即送医院治疗。

（4）对于误食了香烟的婴儿，如果烟的长度在2cm以下，危险性不大，观察3~4小时，如果没有异常，就可放心。如吞了2cm长度以上的烟，烟的成分一旦被水溶解后，很容易被胃吸收，造成严重的疾病，应该尽快送医院治疗。

九、触电

1. 常见触电事故

婴幼儿玩弄电源插座、电器、开关等引起触电；户外电线落地，幼儿随手拾取，或在附近玩耍也可能触电；雷雨天气，在大树下避雨也可能导致触电事故。轻度电击，表现为面色苍白、呆滞，对周围失去反应，全身无力；重者可出现昏迷、呼吸、心跳停止而死亡。

2. 急救方法

（1）脱离电源。用最快的方式让伤者脱离电源。如幼儿摆弄电器开关、插座等触电，可迅速拔去电源插座或关闭开关、拉开电源总闸切断电流；如果幼儿触及了室外断落的电线而触电，救护者可站在干燥的木板或塑料等绝缘物上,用干燥的木棒、扁担、竹竿等绝缘物将接触幼儿身体的电线挑开;如果幼儿手部与电线连接紧密,无法挑开,可用大的干燥木棒将触电者拨离触电处。

(2)口对口吹气和胸外心脏按压。触电者脱离电源后,检查触电者的呼吸、心跳,对呼吸、心跳微弱或停止者,立即进行口对口吹气和胸外心脏按压。

(3)保护创面。在急救的同时,对灼伤部位,先洗净,然后用消毒敷料包扎。

3. 预防

(1)经常检查电器、电线是否符合安全标准,电器、电线是否漏电,特别是雷雨天气应更加注意。

(2)电插座、电器等应置于幼儿手摸不到的地方。

(3)教育幼儿不要用湿手插接电源,不玩弄电器,不要在供电线和高压线附近玩耍。

(4)教育幼儿雷雨天气不要在大树、电线杆、高大建筑物下避雨,要蹲伏在地势较低的地方。雷雨天气不看电视。

十、虫、蛇咬伤

1. 蚊子、臭虫等咬伤

急救方法:用酒精涂搽患处,严重者可搽氨水或清凉油。

2. 黄蜂蜇伤

急救方法:黄蜂毒液呈碱性,伤口可涂搽弱酸性液体,如食醋。

3. 蜜蜂蜇伤

急救方法:蜜蜂的毒液呈酸性,伤口可涂搽弱碱性液体,如淡碱水、肥皂水等。

4. 蝎蜇伤

急救方法：蝎子的毒液呈酸性，局部涂抹碱水，有一定疗效。

5. 蚂蟥吮血

急救方法：被蚂蟥叮住脚、腿吮血时，应立即在被叮处的附近拍打，或用火灼烧蚂蟥，使蚂蟥掉落，然后用淡碱水冲洗，涂上碘酒，盖上清洁纱布。

6. 蛇咬伤

（1）急救方法。

①防止毒液扩散和吸收：被蛇咬后，迅速躺下，用鞋带、裤带之类的绳子紧紧地捆扎伤口上方（靠近心脏一端），防止蛇毒扩散。

②迅速排除毒液：立即用凉开水、泉水、肥皂水等冲洗伤口及附近皮肤。用小刀或刀片以蛇咬牙痕为中心做十字形切开，用力挤压伤口，使毒液排出，同时，用清水反复冲洗伤口。

③立即服用蛇药，对伤口进行湿敷，速送医院。

（2）预防。

①不要带幼儿到潮湿、阴暗、杂草丛生的地方活动，并且教育孩子自觉地不到这样的地方去玩耍。

②平时可置备一些蛇药。

第五章 婴幼儿教育实施

第一节 肢体动作

一、婴儿爬行能力的训练

一般来说,婴儿爬行可以分为3个阶段,各个阶段的训练方法如下。

1. 爬行第一阶段

(1) 婴儿此阶段的能力。婴儿常以腹部为支点,用手使劲,腿常常翘起或脚尖着床。此时,婴儿手臂的力量大一些,常使身体往后倒退,或打转转。

(2) 训练方法。训练方法是让婴儿俯卧在床上,其腿弯曲时用手掌顶住婴儿的脚板,婴儿就会自动伸腿蹬住你的手往前爬。此时,婴儿整个身子不能抬离床铺,这种被动爬行可以使腿部肌肉获得锻炼。

2. 爬行第二阶段

(1) 婴儿此阶段的能力。此阶段婴儿颈部力量较强,上半身能抬起。

(2) 训练方法。婴儿俯卧,开始时育婴员仍可用手掌顶住婴儿的脚板,婴儿会伸腿蹬住育婴员的手,身体向前蠕动。育婴员可拿起婴儿的双手往前挪动一点再放下,便于婴儿学会通过挪动手来带动身体。之后婴儿逐渐能自己将手往前挪动,用手臂带动身体慢慢贴在床上爬行。

3. 爬行第三阶段

（1）婴儿此阶段的能力。经过前两阶段的练习，婴儿逐渐学会将胸部、腹部悬空（图5-1）。

图 5-1　婴儿爬行训练

（2）训练方法。如果上肢的力量不能将身体撑起，胸、腹部位不能离床时，育婴员可以用条宽毛巾放在婴儿的胸腹部，然后提起毛巾，使婴儿胸、腹部离开床面，全身重量落在手和膝上。

育婴员帮着拿起婴儿的手交替向前，交替挪动婴儿的下肢支撑身体向前运动，反复练习后，婴儿就逐渐学会用膝盖和手掌一起协调爬行。此后，可增加枕头之类软的障碍物供婴儿翻越，也可让婴儿练习爬上、爬下及拐弯爬行。

二、婴幼儿站立能力的训练

训练婴幼儿独自站立时，可以先让婴幼儿2条小腿分开，后背部和小屁股贴着墙，脚跟稍离开墙壁一点。主要训练站立的方法如下。

1. 用玩具引逗婴幼儿

育婴员可以用玩具逗引婴幼儿，婴幼儿就会因张开小手或想迈动脚步而身体晃动，以此锻炼婴幼儿腿部的力量和身体的平衡能力。

2. 协助婴幼儿站稳

育婴员可以扶住婴幼儿的腋下帮助婴幼儿站稳（图5-2），然后再轻轻地松开手，让婴幼儿尝试一下独自站立的感觉。

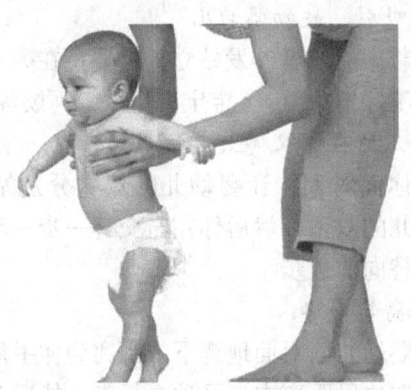

图5-2 婴儿站立训练

3. 协助婴幼儿训练蹲的姿势

育婴员可以先扶住婴幼儿的腋下，训练婴幼儿从蹲位站起来，再蹲下再站起来。逐渐发展成拉住婴幼儿的一只手，使婴幼儿借助育婴员的扶持锻炼腿部的力量。

4. 鼓励、表扬婴幼儿

经过这样的训练，如果让婴幼儿扶着栏杆站立，婴幼儿常常会稍稍松手，以显示一下自己站立的能力；有时甚至能站得很稳，这时最好不要去阻止，而要及时给予鼓励和表扬。

5. 加强持久的训练

在训练时，婴幼儿由于刚学会站，有时动作还不够稳定。这就需要继续加强训练，以提高婴幼儿站立的稳定性和持久性。

特别注意在婴幼儿站不稳时，育婴员要赶快扶住婴幼儿，以免婴幼儿因害怕而不愿继续接受训练。也不要让婴幼儿站立时间太长,以免因身体疲劳而使婴幼儿对学站失去兴趣。

三、婴幼儿行走能力的训练

婴幼儿行走能力的训练方法如下。

1. 用玩具吸引、鼓励婴幼儿

婴幼儿扶着床沿或者沙发站立,育婴员在另一头用玩具吸引婴幼儿,或者不停地重复:"宝宝真勇敢,阿姨等你走过来哦"。

2. 让婴幼儿站在你双脚上走

婴幼儿与你面对面,让婴幼儿的双脚分别站在你的双脚背上,握住婴幼儿的双手;然后你左右交替一步一步地后退,带动婴幼儿左右交替向前迈步。

3. 增加距离学走路

育婴员与婴幼儿面对面地蹲下,距离为伸手能相互触摸到对方,让婴幼儿在这段距离内自己独立行走,然后育婴员再不断地加长距离。或者拿着婴幼儿平时最爱玩的玩具,在距婴幼儿不远处逗引婴幼儿走过来,等婴幼儿快走近时,再加长距离。

4. 婴幼儿牵着你的手走

可以让婴幼儿牵着育婴员的双手或单手走路(图 5-3)。

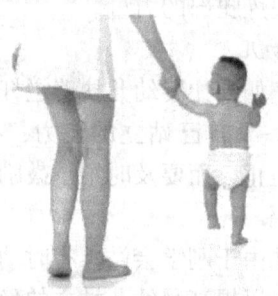

图 5-3　婴幼儿行走训练

第五章 婴幼儿教育实施

四、婴幼儿跑的能力的训练

1. 跑的分类

跑是人的自然的、最快的移动方式。按照跑的速度可分为快跑和慢跑；按步幅大小可分为大步跑和小步跑；另外，还有脚尖跑、高抬腿跑等。

2. 跑的正确姿势

跑的正确姿势是上身稍向前倾，眼向前看，双手轻握拳，屈肘靠身体两侧，然后自由前后摆动，两腿高抬，前脚掌先落地，用口或口鼻有节奏的呼吸。

3. 能力的训练

在教婴幼儿练习跑时，可先教婴幼儿屈臂摆动，再领着婴幼儿一块慢跑。通过练习跑步使婴幼儿掌握正确的姿势，锻炼轻巧、快速、协调的动作。

五、婴幼儿手部动作的训练

育婴员可以运用以下10种玩具，见下表所示，辅助训练婴幼儿的手部动作。

表 婴幼儿手部动作的训练方法

序号	种类	训练说明	年龄阶段
1	响环、哗啷棒	像响环、哗啷棒等类似的玩具，可以让婴幼方便地抓握，同时，还能发出声音，容易引起婴幼儿的兴趣	适合2~4个月的婴儿
2	积木	颜色鲜艳，形状各异，可以随意地堆积和拆解，变出很多花样来。积木最好小一点，便于婴幼儿抓握和操作	6个月以上的婴儿
3	图画书	对婴幼儿来说，图书也是玩具。从大把抓书，到一页一页地翻书，可以看到婴幼儿小手精细动作发展的全过程	6个月以上会坐的婴儿

(续表)

序号	种类	训练说明	年龄阶段
4	球	能滚动的、彩色的小球特别能够引起婴幼儿兴趣。婴幼儿可以用手去抓、推、拍等	7个月以上会爬的婴儿
5	橡皮泥	可以随意揉、捏、挤、压,做出自己所喜欢的东西。这是锻炼小手指精细动作不可缺少的玩具之一	1岁左右的幼儿
6	套环套杯	可以单个玩,也可以按大小不同的顺序套在一起	1~2岁的幼儿
7	镶嵌盒	需要把形状对好,才能将零件放进去。这可以让幼儿在活动小手的同时认识不同的形状	1岁半到2岁的幼儿
8	穿珠	将一根绳子穿过一个一个小孔,这不仅需要手眼很好地协调运作,而且,还需要集中注意力	2岁左右的幼儿
9	画笔	抓笔、握笔、运笔,对手指和手腕都是很好的锻炼	1~3岁的幼儿
10	积塑	和积木一样,积塑具有鲜艳的颜色和不同的形状。在操作中,幼儿的手部小肌肉可以得到很好的锻炼	3岁以上的幼儿

六、婴儿手眼协调的训练

一般来说,婴儿出生3~4个月后才能看自己的手和辨认眼前目标。5~7个月才可用手去捕捉婴儿想要的东西。因此,尽早地开发婴儿的手眼协调能力十分重要。育婴员可从以下3个方面训练。

1. 创造发展手眼协调能力的环境

(1) 幼儿的"涂鸦"。发展手眼协调的途径和方法是多种多样的,其中"涂鸦"是十分有效的途径。幼儿从1岁多开始,就喜欢胡乱涂鸦,我们称之为"涂鸦"(图5-4)。此时期一般持续到3岁左右。这不仅极大地丰富了幼儿的精神生活,而且,极好地训练了幼儿自身的手眼协调能力。

图 5-4 婴儿涂鸦

（2）为幼儿提供涂鸦的条件。育婴员应及时为幼儿涂鸦提供必要的条件，如铅笔、彩笔、硬纸片之类以及坐、站、跪均舒适的场所，使幼儿有更多的创作机会。

（3）引导幼儿替换活动。当然长时间的涂鸦也会使幼儿厌倦，可引导替换活动，比如玩积木、堆各种建筑、捏橡皮泥；鼓励幼儿捏各种简单的东西，如苹果、香蕉等，借以锻炼两手揉、搓、按的能力。天热时，还可放一盆水，用塑料瓶、杯子灌水等。当然还可设置一些飘动的玩具，供幼儿捕捉、追拿。也可常常到野外训练幼儿的眼力，例如，捉昆虫、摘花草等。

2. 启迪发展手眼协调能力的智慧

婴幼儿最初的手眼协调能力是无意识的，育婴员应悉心启迪其智慧。

（1）先看图片，再给实物，观察手眼能否协调到位。

（2）提供缺少部件的图片，先由幼儿找出凳子少腿、茶壶缺把等毛病，再让幼儿画上去。

（3）大点的幼儿，可让幼儿剪下喜爱的图案；还可训练做穿针引线、穿珠子比赛等活动。

3. 捕捉发展手眼协调能力的时机

婴幼儿的习性爱好均有所不同，育婴员应观察自己照料的婴幼儿，随时捕捉发展手眼协调能力的时机。例如，一个1岁多的幼儿在玩橘子，育婴员怕幼儿弄坏了，拿掉了几个。幼儿马上发现少了，就发脾气哭闹或乱弄橘子。这时育婴员立即又拿回几个，幼儿便不哭了。这说明幼儿虽不会说话，但视觉很好，多少的概念已很清楚。此时，便可拓宽这方面的游戏，有意逗幼儿，偷偷拿掉幼儿正在玩的东西，让其寻找。育婴员还可拿色彩多样的物体，突然在婴幼儿眼前晃动，训练其追随、捕拿能力。

第二节　智力开发

一、认知能力的训练

0~3岁婴儿都具有惊人的学习能力，育婴员应通过各种方法来提高婴儿的认知能力，促进婴儿感觉统合功能的完善。认知能力主要包括感知、注意、学习、记忆、想象和思维等多种能力。

1. 视红球

适合年龄：0~3个月

练习方法：婴儿仰面躺在小床上，育婴员拿线吊一个红色的小球，在距婴儿眼睛上方20~25cm处晃动。如果婴儿注意到红球，并能注视片刻，育婴员可以慢慢地，上下左右、由远及近、由近及远地移动红球，让婴儿追视。一天可反复做3~4次，每次不应超过5分钟。

2. 读卡片

适合年龄：7~9个月

练习方法：育婴员抱着婴儿每天读卡片（如图画的、颜色鲜艳的），认识苹果、香蕉、兔子、羊、猫、鹅等（图5-5）。

图 5-5 卡片

3. 感知温度游戏

适合年龄：10~12 个月

练习方法：育婴员准备 3 个玻璃杯，分别装入凉水、温水、热水（热水的温度不宜超过 60℃）。抱着婴儿让婴儿摸一摸 3 个玻璃杯，先从凉的开始，并依次告诉婴儿："凉的，这是凉的；温温的，这是温温的；热的，这个冒热气的，好烫！"在这一游戏过程中，婴儿的推理能力和语言能力可以得到提高。

4. 分辨大小游戏

适合年龄：1~1.5 岁

练习方法：育婴员拿一个皮球和一个气球，放在一起给婴儿玩，告诉婴儿皮球是大的，气球是小的，再请婴儿把皮球拿给爸爸，把气球拿给妈妈，看看婴儿是否能拿准。同时，还可以结合游戏教给婴儿一些儿歌，如《什么大、什么小》。

什么大？什么小？老鹰大，小鸡小。什么大？什么小？大象大,老鼠小。什么大,什么小?西瓜大,桃子小。什么大?什么小?桃子大,草莓小。什么大?什么小?草莓大,葡萄小。什么大?什么小?葡萄大,绿豆小。

此外,还有一些比较大小的卡片,可以让幼儿区分(图5-6)。

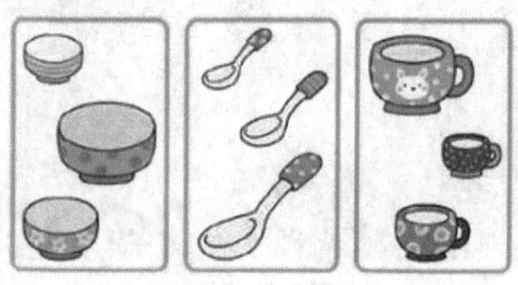

图5-6 比较大小

5. 归类能力训练

适合年龄:1.5~2岁

练习方法:育婴员拿起球滚向婴儿,告诉婴儿这是圆形。把圆形物品藏起来,然后提问:"圆形的钟表在哪里""圆形的盘子在哪里""圆形的套圈在哪里""圆形的扣子在哪里"等。当婴儿找出时,育婴员要及时称赞。

随着婴儿年龄的增长,要经常进行归类能力的训练,如让婴儿把会飞的东西说出来、给小动物找朋友等。

6. 影娃娃游戏

适合年龄:2~2.5岁

练习方法:带婴儿到户外,站在阳光下,让婴儿观察一家人的影子,挥挥手,看看自己的影子有什么变化;走一走,看看自己的影子有什么变化。找一个阴凉处休息,问问婴儿:"影子呢?为什么不见了?"然后分别在一天的不同时间内,再来相同的地方，观察影子有什么不同。与此同时，还可以教婴儿下面这首《影娃娃》的儿歌。

太阳公公本领大，
送我一个影娃娃。
走到哪里都陪我，
树荫底下不见它。

二、语言能力的训练

0~3岁是学习语言的最佳时期，婴儿大脑皮质的语言特别敏感，容易对听到的语言进行记录和整理。

1. 呢喃学语

适合年龄：0~3个月

练习方法：婴儿2~3个月时能发出"呜""啊"的声音，这一阶段育婴员或婴儿父母要积极同婴儿说话，一言一语地对答。大人温柔的声音能使婴儿感觉到安全感，从而促进婴儿心智平稳地发展。

2. 发音训练

适合年龄：4~6个月

练习方法：和婴儿说话时，育婴员应坐在他正对面，让他能够看到自己的口形、表情，说话速度要慢而明确，要用简洁的句子，重复多次。尽量不用儿语，从小教婴儿学规范的语言。

3. 儿歌游戏

适合年龄：10~12个月

练习方法：例如，育婴员盘腿坐在床上，让婴儿坐在自己腿上。育婴员扶住婴儿的双侧腋下，一边有节奏地颠动双腿一边念儿歌："骑大马，过大河，扑通一声，掉下河！"当念到掉下河时，育婴员双腿突然分开，让婴儿的屁股掉落在床上。此时，育婴员的双手要扶住婴儿。

4. 打电话

适合年龄：1~1.5岁

练习方法：育婴员准备两个玩具电话，自己拿一个，把另一个电话给婴儿拿着。跟婴儿模拟对话，一问一答。问婴儿："宝宝，你好！中午吃饭了吗？吃什么了？"鼓励婴儿应答。

5. 说绕口令

适合年龄：2.5~3岁

练习方法：一边说绕口令，一边做动作。以下面这首《毛毛和涛涛》为例。

毛毛和涛涛，跳高又练跑。

毛毛教涛涛练跑（原地摆动双臂，做跑步的动作），涛涛教毛毛跳高（原地跳一下）。

毛毛学会了跳高（原地跳一下），涛涛学会了练跑（原地摆动双臂，做跑步的动作）。

第三节 社会交往

一、社会交往能力的培养

1. 帮助婴儿学会社会交往，提高社会适应能力

（1）鼓励婴儿与同伴进行交往。婴儿初次走出家门与同伴相处时，会有许多不适应。克服与家人的依恋和焦虑情绪时要循序渐进。如经常到公园和街心花园找同伴一起玩游戏，见到同伴后让婴儿主动微笑、点头、打招呼；把自己的玩具主动与同伴进行交换等。

（2）培养婴儿独立自主的能力。要适应社会就必须具备自

己吃饭、自己上厕所、自己穿脱衣服和鞋袜、自己动脑筋操纵玩具等方面的基本能力。如果在社会交往中感到自己"不行",会影响婴儿自信心和自尊心的建立。要经常让婴儿参与一些力所能及的家务劳动,学会帮助大人收拾玩具、收拾餐具、擦桌子、扫地、帮别人拿东西,做保持环境卫生的小助手,这些活动都能够促进婴儿的社会交往能力,在社会交往时,容易得到别人的称赞。

(3)学会分享与宽容。2~3岁婴儿模仿性较强,成人的态度和行为会对婴儿产生重要影响。有些家庭把独生子女摆在特殊位置,过分强化婴儿对"我的"概念的理解,养成了自私和独占行为,好东西都是自己的,不许别人动自己的玩具,别人只能服从自己的意愿。稍不如意,就大哭大闹以示威胁。如果不改变这些行为,在社会环境中就很难适应。婴儿在家中要享受平等待遇,有好东西时要学会与别人分享,鼓励婴儿给大家分食物、分玩具和用具;如果与别人发生争吵,建议婴儿作出适当礼让。在点点滴滴的熏陶中,让婴儿懂得共同分享、礼让别人是做人的一种美德,帮助婴儿成为在社会和集体中受人欢迎的成员,感受在社会和群体中的快乐。

2. 向婴儿传授社会交往的技巧

(1)学会使用文明礼貌用语。见到同伴要主动打招呼,说话语气要热情;邀请别人为自己做事要说"请",做完事情要说"谢谢",麻烦别人时要说"对不起"。

(2)学会尊重和理解别人。说话时要耐心倾听,不要随便打断或在别人说话时插话。

(3)学会遵守规则。到别人家做客时,要向婴儿介绍基本情况,告诉应该如何称呼,应遵守哪些行为规范,提醒婴儿不要乱翻、乱拿别人的东西;进餐时要等大家一起吃饭等。

3. 在游戏训练中提高社会交往能力

（1）在参与游戏的过程中需要互相交流、互相合作，因此会形成一种自然的语言环境，婴儿在这种快乐融洽的气氛中会变得敢于大声说话，发表自己的意见，有利于培养其语言交往能力。

（2）在游戏中，婴儿通过抓握、拿取等动作，练习手眼协调能力，学会更细微的操作，如穿珠、套碗等。在操作玩具的基础上学会操作工具，如拿筷子、握笔画写、用刀剪、编织、弹奏乐器等。在与同伴的共同操作中，能够激发兴趣，互相促进。例如攀登、骑车、球类等游戏，有利于促进手的动作与全身的协调能力。

（3）在游戏中通过角色扮演会形成许多新的人际关系，常在一起玩就要学会互相帮助、取长补短，善于同情人，只有处处为别人着想才能得到玩伴，处处为自己打算就会受到孤立，游戏有利于锻炼和提高人际关系和交友的技巧。

4. 游戏示范

（1）游戏一。

游戏名称：玩具给同伴。

游戏目的：愿意与同伴交往，根据指令将玩具给同伴。

适合月龄：6~9个月。

准备物品：每人2件塑料玩具。

游戏方法：教师请两名家长抱孩子上来面对面坐，教师用两件玩具逗引孩子，将玩具给其中的一个孩子，然后对孩子说："宝宝，把玩具给玲玲。"让孩子听指令将玩具给玲玲，如果孩子不懂，教师就说："宝宝乖，自己玩1个，给玲玲玩1个。"再拉着他的一只手将玩具给玲玲．然后教师、家长给予表扬并鼓掌。与同伴玩游戏：家长抱孩子两两面对面坐玩游戏，一位家长将两件玩具递给自己的孩子，玩一会儿要求他将1件玩具给同

第五章　婴幼儿教育实施

伴。2人各自拿1件玩具玩了一会儿后,家长将两件玩具递给另一位孩子,由那位孩子的家长要求孩子将玩具分1件给这位孩子。家长要多鼓励孩子。最后家长把玩具分给2个孩子,让他们自己随意玩。

(2) 游戏二。

游戏名称:和同伴拉手做游戏。

游戏目的:愿意与同伴合作拉手做游戏。

适合月龄:18~24个月。

注意事项:游戏过程中,念儿歌的速度慢一些,转动的速度也要慢一些,这样不会感到太疲劳,等孩子能熟悉地掌握游戏方法后,可以稍稍地加快一些速度。

游戏方法:教师请家长带孩子按一位家长一个孩子的规则围坐成一圈,教师先念游戏的儿歌引起孩子的注意:"小朋友,拉拉手,拉好小手走一走。"教师请家长拉好孩子的手站起来,按顺时针方向边念儿歌边走,时间的长短可随游戏的具体情况而定。游戏结束时需将儿歌中的"走一走"改成"停一停"。两个孩子和家长为一组进行游戏,游戏结束后,可以问问孩子玩得高不高兴,还想和谁一起玩。自由交换游戏对象重新开始游戏。

二、良好情绪的培养

1. 良好情绪的培养方法

(1) 注意观察婴儿的情绪变化。如皱眉、纵鼻、噘嘴、哭和笑及身体活跃的感情信息;还包括吸吮、吞咽、睡和醒、呼吸等生理信息;也包括注视、倾听、转向人和物的感官活动。婴儿在学会爬行和步行以后,成人同婴儿间情绪信号的交流是婴儿学习、经验获得和认知发展的媒介。

(2) 经常让婴儿获得快乐。婴儿从出生到半岁和1岁期间是情绪萌发期,经常快乐的婴儿会对新鲜事物敏感,趋向于探索外界，为智力发展打下良好基础。如婴儿看到新鲜玩具、听到响声就会有追视、趋近和抓握动作；4~9个月婴儿对自己的活动产生快乐，每认识一种新的东西，都会成为学习新知识的动机。除了生理的满足外，还可以使婴儿产生"我能行"的自我肯定，有助于婴儿个性的健康成长。

（3）让婴儿慢慢学会控制情绪。婴儿出生后3~4个月就能察觉成人的表情，1~2岁时性格基本定型。要让婴儿学会控制和尽快排除不愉快的情绪。如当婴儿经常把玩具放进嘴里时，如果大人作出反对的表示，并告诉他不能吃，他就不再放进嘴里，并逐渐学会控制自己不发怒。大人赞扬和反对的态度，不断地诱导着婴儿形成正确的道德观和价值观。

（4）让婴儿学会忍耐和宽容。例如，告诉他"粥很烫"，并让他伸出手摸碗边找到烫的感觉；在婴儿刚会走路时学会摔倒后不哭；在遇到别人抢夺玩具时学会暂时让步；在别的小朋友哭时产生同情心，学会安慰和宽容；成人的表情和行为，会潜移默化地影响婴儿情绪的发展。

（5）和谐美好的家庭生活。和谐美好的家庭生活是培养良好情绪的环境因素。家庭和睦，成人对婴儿温和亲切，会使婴儿情绪稳定而快乐；家庭不和睦，成人比较急躁，婴儿情绪也容易出现波动。

2. 婴幼儿良好情绪行为的训练

情绪是一种心理状态，也是一种心理感受或体验。我们经常分不清情绪与情感的差别。事实上，情感是一种心理反应或心理认知，与情绪从较大分类角度上属于同一领域。但情绪较自然并能感觉到，却并不一定认知，所以，情绪更为原始、根本，而情感则包含更多社会性、理性的因素。

（1）表达对婴幼儿的爱。育婴员可以通过很多方式表达对婴幼儿的爱，如亲吻、拥抱、倾听、和婴幼儿说话、对婴幼笑、表扬婴幼儿、和婴幼儿一起游戏。在这些活动中，婴幼儿容易体会到大人的爱，特别是对眼神的解读。婴幼儿感受到来自大人的爱，并且从大人的言行中学习到表达爱的方式，就会知道如何对别人表达感情。

（2）帮助婴幼儿正确认识自己的感觉。如果一个幼儿因为害怕上幼儿园而大哭，而你平和地安慰其说："今天是你上幼儿园的第一天，我知道你有点儿害怕。其实很多别的小朋友也会害怕，过几天就会好起来了。"那么幼儿就会知道这种害怕的感觉是正常的。每个人在情绪不安的时候都希望得到理解和接受，而不只是建议或批评。

（3）鼓励婴幼儿积极的情绪表达。如果婴幼儿对别人微笑、对小朋友友好、对奶奶有礼貌，父母就应该表扬婴幼儿。

（4）与婴幼儿一起谈论情绪。当你感到生气、伤心或高兴的时候，应该直接告诉婴幼儿，并告诉其原因。

①我今天很高兴，因为我得到了一件礼物。

②我的朋友很伤心，因为她（他）妈妈病了。

③我想出去散步，但天下雨了，我很失望等。

你如果总试图将自己的消极情绪隐藏好，这是不太容易做到的。因为，这些情绪最终会以错误的方式流露出来，所以，最好坦诚地与婴幼儿谈论情绪。

（5）帮助婴幼儿控制情绪。如果婴幼儿的消极情绪引发了有害或无礼的行为，你就要帮助婴幼儿进行控制。婴幼儿看到别人收到一件本来自己想要的礼物，就会产生嫉妒情绪。此时，你不要阻止这种情绪，应该承认它。但如果婴幼儿要摔掉礼物，这是要限制的。如果婴幼儿很生气，你此时要承认婴幼儿是在生气，同时，要尽量使婴幼儿冷静下来。

（6）培养婴幼儿控制自己情绪的习惯。育婴员可以教幼儿在接受自己感觉的同时，控制自己的情绪，让情绪表达得比较适当，使行为不伤害自己和其他人。

①可以通过讨论故事里主人公的行为来学习表达和控制情绪。

②引导婴幼儿用送小礼物的方式表达爱，或以说出来的方式表达生气。

③尝试着在发脾气时，出去走走，直到平静下来。这些做法，都需要你来帮助婴幼儿形成良好的习惯。

第四节 实施个别化教学

个别化教学就是根据每个婴幼儿的特点与需要，实施适合婴幼儿个性的、能够促进婴幼儿发展的教学。

一、个别化教学的基本要求

1. 了解婴幼儿粗大动作发展的基本状况

在设计编制个别化教学计划之前，要了解对象当前粗大动作发展的基本状况，要依据每个婴儿的特点与需要，尤其要全面了解其运动发展的实际能力和水平，还需要了解他的个性特点，比较喜欢的学习方式。

2. 确定活动教学计划的起点

确定婴儿运动能力发展的基本起点，将当前婴儿基本活动能力的最高点作为活动计划的起点。找到婴儿教育的起点之后，才能确定下一阶段活动的目标和内容。

3. 制订适宜的活动目标

活动目标是活动所要达到的基本要求。活动目标可分为长期目标和短期目标。长期目标是指婴儿发展的阶段性目标。如婴儿会独坐，已经坐得很稳，就应该把站立作为下一个长期目标。长期目标从整体上确定了一个年龄段的教育内容和范围。

短期目标是将长期目标的过程分解为连续的若干个小步骤，如把坐稳到站立这个长期目标分解为拉栏杆站立—扶物站立，从独站瞬间—独站较长—独立站稳，每一个小步骤就是一个短期目标。短期目标是按照婴儿的发展水平和学习能力决定的。

将每个婴幼儿的长短期目标归纳整理，概括为一个总目标并命名作为活动题目。育婴员要把握整体，合理整合长短期目标。

4. 设计活动的基本内容和游戏方案

有了基本的设想和规划，接着就可以根据确定的活动目标来设计学习内容和游戏方案。

婴幼儿活动游戏设计编制包括游戏活动目标、游戏材料、游戏活动内容和游戏活动方法。

5. 准备实施教学计划的相关设施

根据游戏活动计划，准备、落实所需的活动设施与器具，如玩具、材料、教具等。

二、个别化教学的主要类型

1. 一对一的个别化教学

（1）实施一对一的个别化教学计划的步骤

①熟悉个别化教学计划的内容和及操作方法。

②准备一对一教学过程中必备的玩教具。

③按约定的时间准备等候婴幼儿，如果是入户教学，则需按约定的时间准时到达婴幼儿的家庭，注意避开婴幼儿的睡眠时间。

④按常规要求接待家长，如果是入户，进门后要主动换鞋、洗手。

⑤按照个别化教学计划的要求进行操作。

⑥注意做好个别化教学计划实施的记录。

2. 小组/团体教学

一般情况下小组/团体教学的人数划分为 3 人以上为小组，7 人以上为团体。小组（团体）教学是对婴幼儿教育不可缺少的方法，它有利于婴幼儿的社会性发展，为婴幼儿间互相交流提供条件。

3. 领域教学

根据婴幼儿几大领域的发展水平和发展目标，选择相应的教育内容，设计制定促进要发展的游戏方案，并依照方案实施教学。

托幼机构的教育内容是全面的、启蒙性的，可以相对划分为健康、语言、社会、科学、艺术等 5 个领域，各领域的内容相互渗透，从婴幼儿的大动作、精细动作、认知、语言、社会行为培养等几大领域的发展水平和目标实施教学。

4. 综合教学

教学活动和游戏方案涵盖婴幼儿发展的各个领域，在教学和游戏活动的过程中，各个领域的内容互相联系，互相渗透，各方面的教育综合组织为一体。综合教学要求熟练掌握婴幼儿不同领域发育水平测评标准；熟练掌握婴幼儿发育状态的测评、分析方法；熟练掌握婴幼儿发育中各种不同状态；熟练掌握安排多种活动形式的方法。

三、一日教学活动

个别化教学是通过日复一日的教学活动来实现的，只有精心设计好每日不同类型的教学活动，才能有效地实施个别化教学计划。一日教学活动是个别化教学的基础，是个别化教学的精髓。一日活动是多种多样的，其中，主要类型如下。

1. 特别活动时间

用特别活动这段时间进行常规教育和训练，其活动内容相对固定，在一个周期反复进行几种特别项目的训练，如通过几种不同的音乐来控制婴幼儿的教学常规，教会与婴幼儿互动。

2. 单元教学活动

单元教学活动是个别化教学的主要内容之一，在幼儿园（托儿所）是很常见的一种教学形态。较注重团体教学，由育婴员根据他对孩子能力与兴趣的了解，为孩子选择单元主题，并在事前准备好学习内容与活动。将每个婴幼儿的长短期目标归纳整理，概括为一个总目标并命名即成为活动题目，这个题目代表一个单元的活动，一个单元可以几天完成，也可以十几天完成，完成时间因人而异。单元确定后，再订出教学计划，确定每日的教学活动。以"交通安全"单元为例，在设计教案之初，会预先订下如："知道交通安全的重要性""认识各种交通工具的功能及名称""培养遵守交通规则的习惯"等活动目标，并设计如"常见的交通工具""认识交通标志""步行安全""小小交通指挥者"等4个小单元。单元教学的优点在于"学习内容的广度与系统性"，该知道的生活常识大都会被列入学习范围，由于多采团体教学，且有教案设计，育婴员较能掌握孩子的学习内容与进展。单元教学活动涵盖的内容有感官知觉、大动作、精细动作、认知、语言、生活自理、社会交往等方面内容。

3. 团体活动

团体活动一般通过音乐、美术、劳动技能以及戏剧等形式来实现。团体活动的教学目标一般要加入每个婴幼儿的短期目标。婴幼儿的游戏活动，无论什么形式，其核心内容都是基本领域的内容。例如，美劳游戏是以精细动作为核心编制而成。感官课程是以感知、认知为核心编制而成。即便是音乐课程，也是以基本领域为载体，辅以节奏、韵律。让婴幼儿在感受音乐的节奏、韵律中成长。

4. 一对一的教学

一对一的教学是对婴幼儿进行教育训练时不可缺少的方法，有很强的针对性。特别针对那些没有收到预期效果和一些有特殊需要的婴幼儿，必须要进行一对一的教学。

5. 情景教学活动

这是一类综合性的教学活动。对婴幼儿的情景教学活动常见的形式有：户外活动、午点时间、如厕、吃饭等。

四、编制综合性个别化教学计划

1. 了解婴幼儿的基本情况

在设计编制个别化教学计划之前，要了解婴幼儿当时的基本情况，尤其要全面了解婴幼儿几大行为领域的实际能力和水平，还需要了解婴幼儿已经掌握了哪些基本技能，对哪些问题感兴趣，比较喜欢的学习方式等。

2. 确定教学计划的起点和教学活动的内容

确定婴幼儿在几大行为领域的最高点，将这个能力的最高点作为教学计划的起点。找到婴幼儿教育的起点之后，才能决定教学的内容和方法。

3. 制订适宜的教学目标

为了使婴幼儿教育和训练扎扎实实达到长期目标，必须把长期目标分解成几个具体的短期目标进行操作，才能实现最终目标，达到最佳效果。

4. 实施教学计划的相关服务设施

根据确定的教学目标来设计教学内容和游戏方案，为家长和婴幼儿提供与实施教学计划有关的咨询和服务，并准备必要的教学用具。

游戏方案可以用图表或记录表进行记录。记录内容包括：游戏活动所用的玩教具、道具等。在执行教学计划或游戏方案时使用一些技巧和方法。如用身体、语言、视觉为婴幼儿提供帮助；为婴幼儿提供进行多种方式练习的机会，对婴幼儿的正确反应提出及时的表扬，将婴幼儿的变化情况及时记录在记录表上。

5. 评估

在实施婴幼儿个别化教学计划的过程中，需要采用科学的手段进行评估，这种评估是行程性评估，或称过程评估。

行程性评估的目的。

（1）确定短期目标是否符合婴幼儿发展的实际水平，游戏活动设计得是否合理。

（2）以评估结果为依据，及时调整和修正教学计划和游戏活动方案。

教学活动告一段落或者长期目标基本实现后，还要进行总结性评估，目的是评估婴幼儿成长的进步情况以及评估育婴员的教育教学成果。

以教学内容分，有自然常识类和社会认识类；以教学组织形式分，有一对一的个别活动、小组活动及团体教学活动；以活动的空间场合分，有室内活动和室外活动；以获取教育结果的方法分，有教师演示式、传授式教育和幼儿动手操作式、游戏式直接得到经验等。一日活动包括特别活动时间、单元教学活动、团体活动、一对一的教学、情景教学活动等。在特别活动时间进行常规教育和训练，其活动内容相对固定。

参考文献

丁昀.2016.育婴员（基础知识）[M].北京：中国劳动社会保障出版社.

范玲.2009.1~3岁婴儿养育每日一页[M].北京：中国轻工业出版社.

欧阳云涛.2017.育婴员初级技能手册[M].北京：金盾出版社.

王书荃，陈学锋.2009.育婴员[M].北京：海洋出版社.

谢鹏.2012.育婴员职业资格培训教程[M].长沙：湖南科学技术出版社.

薛辛东.2005.儿科学[M].北京：人民卫生出版社.

中国疾病预防控制中心营养与健康所.2017.婴幼儿喂养手册[M].北京：中国人口出版社.

朱凤莲，王红.2011.育婴员上岗手册[M].北京：中国时代经济出版社.